꿩먹고 알먹는 **아랍어** 첫걸음

저자 약력

전완경(全完慶)
한국외대 아랍어과 및 동대학원 졸업(문학박사)
이집트 카이로 아메리칸대학교 연구교수
한국중동학회, 한국아랍어아랍문학회 회장 역임
(현) 부산외국어대학교 아랍어과 교수

윤용수(尹鏞秀)
부산외대 아랍어과 졸업
한국외대 대학원 아랍어과 졸업(문학박사)
요르단대학교 박사후 과정 수료
(현) 부산외국어대학교 지중해연구소 전임강사

꿩먹고 알먹는 아랍어 첫걸음

초판 1쇄 인쇄 2008년 3월 10일
초판 1쇄 발행 2008년 3월 15일
저자 전완경 · 윤용수 / 발행인 서덕일 / 발행처 도서출판 문예림
출판등록 1962년 7월 12일 제 2-110호
주소 : 서울 광진구 군자동 1-13호 문예하우스 101호
전화 : 02-499-1281~2 / 팩스 : 02-499-1283
http://www.bookmoon.co.kr / E-Mail:my1281@lycos.co.kr

· 잘못된 책은 구입하신 서점에서 교환하여 드립니다.

ISBN 978-89-7482-430-3 (13790)

머리말

아랍이 빠른 속도로 다가오고 있다. 먼 나라로만 여겨지던 아랍세계의 소식이 거의 매일 우리의 신문과 방송을 포함한 언론 매체의 중요한 부분을 차지하고 있다. 아랍을 여행하는 여행객의 숫자도 기하 급수적으로 늘고 있고 아랍 세계와의 물적·인적 교류는 해마다 기록을 갱신하고 있다. 어느새 우리 주변에는 아랍세계의 문화·역사·지리 뿐만 아니라 아랍인들의 생활 방식에도 상당한 수준의 지식을 갖춘 이들을 어렵지 않게 발견할 수 있다.

대학수학능력시험에서 아랍어 응시자의 숫자도 급증하고 있다. 아직 일선교육 현장에서 아랍어 교육이 본격적으로 시행되고 있지 않음에도 불구하고 우리 젊은이들이 아랍어에 이렇게 큰 관심을 보이는 것은 한국 사회의 시대적 요구와 세계의 변화를 잘 읽고 있기 때문일 것이다. 최근에 대학의 아랍어 관련 학과에 우수한 인재들이 모이고 있고, 경쟁률 또한 치솟고 있음이 이를 입증하고 있다.

이런 사회적 요구에도 불구하고 초보자를 위한 아랍어 교재가 변변하지 못한 것이 우리의 현실이고, 이는 아랍어를 먼저 공부하고 있는 사람으로서 심히 부끄러운 일이다.

이런 자성에서 본 교재가 출판되게 되었다. 현재의 외국어 교육은 문법 중심이나 강독 중심이 아닌 읽기, 듣기, 쓰기, 말하기 능력을 총망라하는 종합적인 언어숙련도를 요구한다.

본 교재는 이 점을 중시했고 학습자의 아랍어 의사소통능력 향상에 목표를 두고 있다. 문법을 공부하더라도 문법 자체를 위한 문법이 아닌 의사소통능력 향상을 위한 문법 학습이 되도록 했다.

지면의 한계로 인해 독자들의 이해를 돕기 위한 충분한 설명을 다 하지 못했고, 미처 다루지 못한 부분이 많은 것은 탈고하는 이 순간까지 아쉬움으로 남는다. 독자와 아랍어 학도의 충고와 고언이 더해진다면 개정판에서는 더 나은 모습의 아랍어 교재가 탄생하리라 믿는다.

한국사회에서 아랍어 교재를 출판하는 것은 출판사 입장에서는 큰 모험이다. 이런 위험에도 불구하고 본 서를 출판해주신 문예림에 깊은 감사를 드리고 이런 배려와 관심이 한국의 아랍학 발전에 큰 힘이 되리라 믿는다.

2008년 1월
우암골 연구실에서 저자

Contens

머리말 ·· 3

제1과 مِنْ أَلِف إِلَى يَاءُ ··· 6

제2과 اَلسَّلَامُ عَلَيْكُمْ ··· 12

제3과 أَنَا مين سُو ··· 17

제4과 مَا هَذَا؟ ·· 21

제5과 هَذَا بَيْتٌ ··· 26

제6과 هَذِهِ سَيَّارَةٌ جَدِيدَةٌ ··· 31

제7과 اَلشَّجَرَتَانِ قَدِيمَتَانِ جِدًّا. ·· 38

제8과 هَذِهِ أُسْرَتِي ··· 45

제9과 اَلسَّيِّدْ أَحْمَدُ مُدِيرُ الْمَكْتَبَةِ ··································· 51

제10과 كَيْفَ الْجَوُّ الْيَوْمَ؟ ··· 57

제11과 ذَهَبْتُ إِلَى الْمَكْتَبِ ··· 63

제12과	يَذْهَبُ إِلَى الْمَدْرَسَةِ بِالْمَشْىٰ	69
제13과	مَاذَا تَدْرُسُ؟	76
제14과	لَوْ سَمَحْتَ	82
제15과	أُرِيدُ أَنْ أَتَعَلَّمَ اللُّغَةَ الْعَرَبِيَّةَ	87
제16과	هَلْ عِنْدَكَ قَمِيصٌ؟	93
제17과	كَمِ السَّاعَةُ الْآنَ	101
제18과	مَاذَا تُرِيدُ؟	107
제19과	هَلْ يُمْكِنُنِي أَنْ أَرَى الْغُرْفَةَ؟	113
제20과	مَاذَا سَتَفْعَلُ غَدًا؟	118
제21과	أَنْتَ أَجْمَلُ مِنْ لَيْلَىٰ	124
제22과	لَوْ ذَهَبْتُ إِلَىٰ مَكْتَبِهِ	131
연습문제		138

제1과
مِنْ أَلِفٍ إِلَى يَاءٍ

Ⅰ. 아랍어의 자음

아랍어의 자음은 모두 28개의 글자로 구성되어 있고, 영어의 필기체처럼 단어의 어두, 어중, 어말, 독립형 등 단어 내에서의 위치에 따라 약간씩 구분되는 형태를 가지나, 기본적으로 독립형에서 파생된 형태다.

명칭	어말형	어중형	어두형	독립형	발음 기호	한글 표기
hamzah	ـﺄ	ـﺄ	أ	أ	ʔ	표기하지 않음
bā'	ـﺐ	ـﺒـ	ﺑـ	ب	b	ㅂ
tā'	ـﺖ	ـﺘـ	ﺗـ	ت	t	ㅌ
thā'	ـﺚ	ـﺜـ	ﺛـ	ث	θ	ㅅ
jīm	ـﺞ	ـﺠـ	ﺟـ	ج	dʒ	ㅈ
ḥā'	ـﺢ	ـﺤـ	ﺣـ	ح	ħ	ㅎ(무성음)
khā'	ـﺦ	ـﺨـ	ﺧـ	خ	x	ㅋ
dāl	ـﺪ	ـﺪ	د	د	d	ㄷ (영어의 dog의 d)
dhāl	ـﺬ	ـﺬ	ذ	ذ	ð	ㄷ (영어의 this의 th)
rā'	ـﺮ	ـﺮ	ر	ر	r	ㄹ(영어의 r)
zāy	ـﺰ	ـﺰ	ز	ز	z	ㅈ
sīn	ـﺲ	ـﺴـ	ﺳـ	س	s	ㅅ

shīn	ش	ـش	ـشـ	شـ	ʃ	ㅅ (영어의 she 의 sh)
ṣād	ص	ـص	ـصـ	صـ	ṣ	ㅅ(강세음)
ḍād	ض	ـض	ـضـ	ضـ	ḍ	ㄷ(강세음)
ṭā'	ط	ـط	ـطـ	ط	ṭ	ㄸ(강세음)
ẓā'	ظ	ـظ	ـظـ	ظ	ẓ	ㅈ(강세음)
'ayn	ع	ـع	ـعـ	عـ	ʕ	아
ghayn	غ	ـغ	ـغـ	غـ	ɣ	ㄱ
fā'	ف	ـف	ـفـ	فـ	f	ㅍ
qāf	ق	ـق	ـقـ	قـ	q	ㄲ
kāf	ك	ـك	ـكـ	كـ	k	ㅋ
lām	ل	ـل	ـلـ	لـ	l	ㄹ(영어의 l)
mīm	م	ـم	ـمـ	مـ	m	ㅁ
nūn	ن	ـن	ـنـ	نـ	n	ㄴ
hā'	ه	ـه	ـهـ	هـ	h	ㅎ(유성음)
wāw	و	ـو	ـو	و	w	우(영어의 w)
yā'	ي	ـي	ـيـ	يـ	y	이(영어의 y)

* 한글에서의 발음은 초성과 종성에 따라 다를 수 있다.

II. 아랍어의 모음

1. 단모음

단모음에는 /a, i, u/ 3개가 있다.

모음의 이름	모음 부호	모음	보기
فَتْحَةٌ (파트하)	َ	/a/	بَ /ba/, رَ /ra/, كَ /ka/
كَسْرَةٌ (카스라)	ِ	/i/	بِ /bi/, رِ /ri/, كِ /ki/
ضَمَّةٌ (담마)	ُ	/u/	بُ /bu/, رُ /ru/, كُ /ku/

2. 장모음

장모음은 / ā, ī, ū/ 3개이며, 단모음 뒤에 각각 /ا/, /ي/, /و/ 를 연결하여 만든다.

모음의 종류	모음 부호	모음	보기
장모음	َا	/ā/	بَا /bā/, رَا /rā/, كَا /kā/
	ِي	/ī/	بِي /bī/, رِي /rī/, كِي /kī/
	ُو	/ū/	بُو /bū/, رُو /rū/, كُو /kū/

3. 이중 모음

이중 모음에는 /ay, aw/ 2개가 있다. /ay/는 단모음 /َ/에 약자음 /ي/를, /aw/는 단모

7

음 /ㅡ/에 약자음 /و/를 각각 결합하여 만든다.

모음의 종류	모음 부호	모음	보기
이중 모음	ـَيْ	ay	دَيْ /day/, رَيْ /ray/, كَيْ /kay/
	ـَوْ	aw	دَوْ /daw/, رَوْ /raw/, كَوْ /kaw/

Ⅲ. 아랍어의 발음 부호

1. 수쿤 (سُكُون) : ـْ

자음이 모음을 가지지 않은 경우 수쿤(ـْ)으로 표기한다.
보기) أَنْتَ ('anta)/ مَنْ (man)

2. 샷다 (شَدَّة) : ـّ

동일한 두 자음이 모음 없이 반복되는 경우 샷다(ـّ)로 표기한다.
보기) عَلَّمَ ← عَلْلَمَ ، دَرَّسَ ← دَرْرَسَ

3. 맛다 (مَدَّة) : آ

함자(ء) 뒤에 장모음 /ā/가 올 경우 맛다(آ)로 표기한다.
보기) آخَرُ ← أَأْخَرُ ، آنِسَةٌ ← أَأْنِسَةٌ

4. 알리프 마크수라 (أَلِف مَقْصُورَة) : ـى

일부 낱말의 어말에서 점이 없는 ى 앞에 모음 /a/가 오면 /ā/ 소리를 내는데, 이를 알리프 마크수라(ـى)로 표기한다.
보기) إِلَى ، أُخْرَى ، عَلَى

5. 탄윈 (تَنْوِين) : ـٌ (un, 주격), ـً (an, 목적격), ـٍ (in, 소유격)

명사의 비한정 상태를 나타내기 위해서 단어의 어말에 /ㄴ/ 음을 첨가하는데, 이를 탄윈이라고 한다. 탄윈중 목적격을 나타내는 /an/음을 낼 때는 일반적으로 발음과 상관없는 알리프(/ا/)를 덧붙인다.
보기) كِتَابٌ ، كِتَابًا ، كِتَابٍ / بَيْتٌ ، بَيْتًا ، بَيْتٍ
(baytun) (baytan) (baytin) / (kitābun) (kitābān) (kitābin)
ة 와 장모음 /ā/ 뒤에서 함자(/ء/)로 끝나는 낱말에서는 /ا/를 붙이지 않는다.

보기) مَاءً ، مَدْرَسَةً
      (madrasatan) (māʼan)

6. 타 마르부타 (تَاءٌ مَرْبُوطَةٌ) : ة

일반적으로 남성형 명사와 형용사에 타 마르부타를 붙이면 여성형이 된다. 타 마르부타는 모음 앞에 올 경우, /t/로 소리나며 그 앞의 모음은 언제나 /a/ 이다.

    보기) طَالِبَةٌ (여학생) ← طَالِبٌ (남학생)
           كَبِيرَةٌ (큰: 여성형) ← كَبِيرٌ (큰: 남성형)

IV. 태양 문자와 월 문자

아랍어 28개 문자는 태양 문자와 월 문자 중 하나에 속한다. 태양 문자와 월 문자는 각각 다음과 같다.

태양 문자	ت ، ث ، د ، ذ ، ر ، ز ، س ش ، ص ، ض ، ط ، ظ ، ل ، ن
월 문자	أ ، ب ، ج ، ح ، خ ، ع ، غ ف ، ق ، ك ، م ، ه ، و ، ي

태양 문자로 시작되는 단어에 정관사 /اَلْ/이 올 경우에 음운동화가 일어나 /اَلْ/ 의 /لْ/ 은 태양 문자에 동화되고, 태양 문자 위에 샷다 ' ّ '를 붙여 표기한다. 그러나 월 문자에 정관사가 올 경우는 음운 동화가 일어나지 않는다.

태양 문자 (اَلْحُرُوفُ الشَّمْسِيَّةُ)	اَلْ + رَجُلٌ ← اَلرَّجُلُ اَلْ + سَلَامٌ ← اَلسَّلَامُ
월 문자 (اَلْحُرُوفُ الْقَمَرِيَّةُ)	اَلْ + بَيْتٌ ← اَلْبَيْتُ اَلْ + مَطْعَمٌ ← اَلْمَطْعَمُ

(예) سَلَامٌ (salamun) → اَلسَّلَامُ (as-salamu)
(예) كِتَابٌ (kitābun) → اَلْكِتَابُ (al-kitābu)

V. 분리 문자와 연결 문자

아랍어 28개의 자음 중 뒤에 오는 문자와 연결되지 않는 문자가 6개 있다.
/و ، ز ، ر ، ذ ، د ، ا/
위 6개 문자들은 앞에 오는 문자들과는 연결되어 표기되지만 뒤에 오는 문자들과는 분리되어 표기된다. 나머지 22개의 문자는 앞과 뒤에 오는 문자와 모두 연결해서 쓴다.

다음 단어를 읽으시오

1) بَيْتٌ	2) كِتَابٌ
3) جَبَلٌ	4) حَدِيقَةٌ
5) قَلَمٌ	6) سَيَّارَةٌ
7) رَجُلٌ	8) مُدَرِّسٌ
9) بِنْتٌ	10) مَلِكَةٌ

아랍어는 어떤 언어인가?

언어계통상으로 셈어족에 속하는 아랍어는 현재 아라비아반도와 북부아프리카 지역 등 아랍연맹에 가입하고 있는 22개 국가에서 약 3억 명 아랍인의 모국어 또는 공용어로 사용되고 있으며 이슬람교의 경전인 코란의 언어로서 이슬람교 신자 즉 무슬림들의 예배언어이다.

아랍어를 사용하고 있는 국가에는 아라비아반도의 사우디아라비아, 오만, 예멘, 아랍에미리트연방, 카타르, 바레인, 쿠웨이트, 이라크, 그리고 샴 지역의 요르단, 시리아, 레바논, 팔레스타인, 북부아프리카의 이집트, 수단, 리비아, 알제리, 모로코, 모리타니, 서남아프리카의 소말리아, 지부티, 코모로 등이 있다.

한편 동남아시아의 인도네시아, 말레이시아, 부르나이, 그리고 중앙아시아의 여러 나라들과 터키, 이란, 파키스탄 등에서 이슬람교의 예배언어로서 사용되고 있다.

아랍어는 오랜 역사 속에서 아랍어권 지역의 문명 및 문화발전의 초석이 되어 왔으며, 1973년부터 국제연합(UN)의 공용어로 채택되었고 아프리카연합기구의 공용어이기도 하다.

그 이후 국제사회에서 아랍국가들의 정치, 경제적 중요성의 확대에 따라 그 활용도도 전세계적으로 커지고 있다. 이렇듯 아랍어는 모국어 사용자 수로 볼 때 세계에서 가장 비중이 큰 언어중의 하나이며, 국제사회에서 아랍국가들이 차지하는 정치, 경제적 비중을 고려할 때 중요한 언어이다.

아랍국가들은 우리나라의 국익과도 밀접한 관계가 있으며 여러 분야에서 교류가 필요하다. 효과적인 교류를 위해서는 먼저 아랍어를 올바르게 습득해야 하며 따라서 그들의 사고방식과 문화, 관습, 종교를 이해하고 상호간에 교류의 폭을 넓혀 나갈 수 있을 것이다.

제2과
اَلسَّلَامُ عَلَيْكُمْ

سَالِمٌ : اَلسَّلَامُ عَلَيْكُمْ.
앗살라무 알라이쿰

أَحْمَدُ : وَعَلَيْكُمُ السَّلَامُ
와알라이쿠물 살람

سَالِمٌ : كَيْفَ الْحَالُ؟
케이파 할루?

أَحْمَدُ : أَنَا بِخَيْرٍ، اَلْحَمْدُ لله وَأَنْتَ؟
아나 비카이린, 알함두 릴라 와안타?

سَالِمٌ : بِخَيْرٍ، اَلْحَمْدُ لله.
비카이린, 알함두 릴라

أَحْمَدُ : مَعَ السَّلَامَةِ.
마아 살라마

سَالِمٌ : مَعَ السَّلَامَةِ. إِلَى اللِّقَاءِ.
마아 살라마, 일랄 리까

해석
살 림: 안녕하세요
아흐마드: 안녕하세요
살 림: 어떻게 지냅니까?
아흐마드: 나는 잘 지냅니다. 알라께 찬미를.

	당신은 어떻게 지내십니까?
살 림	잘 지냅니다. 알라께 찬미를.
아흐마드	안녕히 가세요.
살 림	안녕히 가세요. 또 만나요.

단어와 숙어 익히기

아랍어	뜻	아랍어	뜻
سَلَامٌ 살람	평화	حَمْدٌ 함두	찬미
كَيْفَ 케이파	(의문사)어떻게	لله 릴라히	하나님에게
حَالٌ 할	상태	لِقَاءٌ 리까	만남
بِخَيْرٍ 비카이린	잘 지냅니다		

문법 따라잡기

① 아랍어 대화의 첫 단계로서 인사와 안부는 필수적이다.
만날 때의 인사는 시간에 구애받지 않고 사용하는 것과 시간에 따른 인사 법이 있다.

시간에 구애 받지 않는 인사	시간에 따른 인사
السَّلَامُ عَلَيْكُمْ أَهْلًا وَسَهْلًا	صَبَاحَ الْخَيْرِ (오전) مَسَاءَ الْخَيْرِ (오후 저녁)

② 아랍어에는 먼저 건네는 인사에 대한 화답으로 쓰이는 다양한 유형의 인사 법이 있다.
일반적으로 응답은 정형화된 표현이 사용된다.
وَعَلَيْكُمْ السَّلَامُ은 السَّلَامُ عَلَيْكُمْ의 응답이다.

③ 안부를 묻는 인사(كَيْفَ الْحَالُ)에 대한 응답(الْحَمْدُ لله، أَنَا بِخَيْرٍ)에서 أَنَا بِخَيْرٍ는 생략할 수 있으며 الْحَمْدُ لله 만 쓸 수도 있다.

④ 헤어질 때의 인사는 مَعَ السَّلَامَةِ가 많이 쓰인다.

독립인칭 대명사(단수)

성 \ 인칭	1인칭	2인칭
남	أَنَا	أَنْتَ
여		أَنْتِ

표현 따라하기

나는 학생입니다	أَنَا طَالِبٌ.	좋은 아침입니다.	صَبَاحَ الْخَيْرِ.
당신	أَنْتَ	좋은 아침입니다.(대답)	صَبَاحَ النُّورِ.
그는	هُوَ	좋은 저녁입니다.	مَسَاءَ الْخَيْرِ.
당신은 여학생입니다	أَنْتِ طَالِبَةٌ	좋은 저녁입니다.(대답)	مَسَاءَ النُّورِ.
그녀는	هِيَ		

아랍어로 말하기

해석

A 안녕하세요.
B 안녕하세요(대답)
A 어떻게 지내세요?
B 나는 잘 지냅니다. 알라께 찬미를.
A 안녕히 계세요.
B 안녕히 계세요.

أ : اَلسَّلَامُ عَلَيْكُمْ.
앗살라무 알라이쿰

ب : وَعَلَيْكُمُ السَّلَامُ
와알라이쿠물 살람

أ : كَيْفَ الْحَالُ؟
케이파 할루?

ب : أَنَا بِخَيْرٍ، الْحَمْدُ ِللهِ.
아나 비카이린. 알함두 릴라

أ : مَعَ السَّلَامَةِ.
마아 살라마

ب : مَعَ السَّلَامَةِ.
마아 살라마

빈칸에 알맞은 답을 고르시오

1. اَلسَّلَامُ ( )
① كَيْفَ ② عَلَيْكُمْ ③ اَلْحَال ④ أَنْتَ

2. ( ) اَلْحَالُ؟
① بِخَيْرٍ ② اَلْحَمْد ③ مَعَ ④ كَيْفَ

3. مَعَ ( )
① اَلسَّلَام ② اَلسَّلَامَة ③ اَلْحَال ④ اَلْحَمْدُ

 기 억 하기

1) 아랍인들이 서로 만났을 때 나누는 가장 일반적인 인사는
   اَلسَّلَامُ عَلَيْكُمْ ـ وَعَلَيْكُمُ السَّلَام 이다.
2) 안부를 묻는 كَيْفَ اَلْحَالُ؟ 에 대한 응답으로는 اَلْحَمْدُ لله, بِخَيْرٍ 를 쓰는 것이
   일반적이지만 بِخَيْرٍ 를 생략할 수도 있다.
3) 2,3인칭 경우의 독립인칭 대명사는 남녀를 구별하여 쓰인다.
   أَنْتَ : 당신 (너)(남성) / أَنْتِ : 당신 (너)(여성)
   هُوَ : 그 / هِيَ : 그녀

아랍인의 인사 예절

아랍인들은 만났을 때 적절하게 쓸 수 있는 인사에는 아침인사, 저녁인사, 안부 인사, 환영인사, 감사 인사, 작별인사 등이 있고 흔히 악수를 나눈다.

절친한 사이인 경우에는 상대방을 포옹하고 뺨에 입맞춤을 하기도 한다.

이때 우리처럼 허리를 굽히거나 머리를 숙여서는 안 된다. 아랍인들은 예배드릴 때 이외에는 허리를 굽히거나 머리를 굽혀 절하지 않기 때문이다.

아랍의 인사는 다소 길게 이어지며 따라서 응답이나 묻기를 생략하거나 무시하는 것은 큰 실례이다.

처음 만났을 경우라도 똑 같은 인사말을 자주 반복하거나 내용이 비슷한 말을 많이 사용한다. 코란에서도 인사를 받았을 때는 인사를 건넨 사람의 표현만큼 하거나, 더 나은 인사말로 응답하라고 하였으며 예언자 무함마드의 언행을 기록한 하디스에 따르면 무함마드 역시 인사를 중요한 덕목(즉, 말을 하기 전에 인사를 먼저 하라)으로 가르쳤다.

아랍인은 따라서 서로 정성을 다한 환영의 말을 여러 번 되풀이한다. 모든 감사에는 당연한 것으로서 하나님(알라)의 존재를 생각하게 한다. 받은 은혜에 보답할 수 있는 것은 하나님의 힘 밖에는 없고 감사도 하나님의 축복을 통하여 하게 된다.

말과 더불어 몸짓이 따르는 경우도 많은데 그 몸짓은 애정의 상징으로서 가슴의 중앙에 오른 손을 갖다 대면 된다.

아랍 인사는 항상 그 응답표현이 있으므로 한 쌍으로 배워 둘 필요가 있다. 그리고 일하고 있을 때나 거리, 카페, 상점이나 시장에서 매일 사람들을 만날 때마다 자주 사용할 수 있도록 인사말을 잘 기억해두는 것이 좋다. 기본적인 원칙은 주변에서 들은 것을 모방하고 연습하는 것이다. 적극적인 자세로 귀를 열어두어 인사말을 배우도록 해야 한다.

인사 대화 중에서 특히 유의할 것은 남성은 상대방의 아내 안부에 관해서 가급적 직접적으로 물어서는 안 된다. 그 대신 "당신의 가정", "당신의 옆"이라는 표현을 우회적으로 사용한다.

제3과
أَنَا مِين سُو

مِين سُو : أَنَا مِين سُو. مَنْ أَنْتَ؟
아나 민수 만 안티?

فَاطِمَةُ : أَنَا فَاطِمَةُ. وَهَلْ أَنْتَ طَالِبٌ؟
아나 파티마. 와할 안타 딸립?

مِين سُو : نَعَمْ، أَنَا طَالِبٌ. وَهَلْ أَنْتِ طَالِبَةٌ؟
나암, 아나 딸립. 와할 안티 딸리바?

فَاطِمَةُ : نَعَمْ، أَنَا طَالِبَةٌ أَيْضاً. أَنَا مِنْ مِصْرَ. وَمِنْ أَيْنَ أَنْتَ؟
나암, 아나 딸리바툰 아이단. 아나 민 미스르. 와민 아이나 안타?

مِين سُو : أَنَا مِنْ كُورِيَا.
아나 민 쿠리야

해석

민 수: 나는 민수입니다.
당신은 누구십니까?
파티마: 나는 파티마입니다.
당신은 학생입니까?
민 수: 예, 나는 학생입니다.
당신은 학생입니까?
파티마: 예, 나도 또한 학생입니다.
나는 이집트에서 왔습니다.
당신은 어디에서 왔습니까?

민 수: 나는 한국에서 왔습니다.

단어와 숙어 익히기

مَنْ 만	(의문사)누구	أَيْضاً 아이단	역시 또한
هَلْ 할	(의문사)입니까? 합니까?	مِنْ 민	~로부터
طَالِبٌ 딸립	학생	مِصْرُ 미스루	이집트
طَالِبَةٌ 딸리바	여학생	كُورِيَا 쿠리야	한국
نَعَمْ 나암	예		

문법 따라잡기

① 아랍어 문장은 명사문과 동사문으로 구분되며 명사(또는 대명사)로 시작하는 문장을 명사문, 동사로 시작하는 문장을 동사문이라 한다. 명사문은 주어와 술어로 구성된다.
명사문의 주어와 술어를 잇는 계사, 즉 영어의 be 동사는 아랍어에서는 쓰이지 않는다.
(예)나는 민수 (입니다). أَنَا مِين سُو.

② 의문사 مَنْ은 '누구?'를 의미하며 문장의 첫머리에 와서 의문문을 만든다.
(예)당신은(여) 누구십니까? مَنْ أَنْتِ؟

③ 의문사 هَلْ은 명사문 앞에 놓여 의문문을 만든다.
응답은 반드시 예(نَعَمْ), 또는 아니(لا)로 해야 한다.
(예)당신은 학생입니까? هَلْ أَنْتَ طَالِبٌ؟
    예. 나는 학생입니다. نَعَمْ، أَنَا طَالِبٌ.

④ 의문사 أَيْنَ(어디에)가 전치사 مِنْ과 함께 쓰이면 어디에서 왔습니까? 라는 출신을 묻는 뜻이 된다.
(예) ......مِنْ أَيْنَ 어디에서 왔습니까?

5. 전치사 뒤에 명사가 놓이는 전치사 구는 술어로 올 수 있다.
   (예) أَنَا مِنْ كُورِيَا 나는 한국에서 왔습니다

표현 따라하기

나는 남학생입니다.	أَنَا طَالِبٌ		나는 한국에서 왔습니다.	أَنَا مِنْ كُورِيَا
여학생	طَالِبَةٌ		이집트	مِصْرَ
남자 교사	مُدَرِّسٌ		시리아	سُورِيَا
여자 교사	مُدَرِّسَةٌ		미국	أَمْرِيكَا

아랍어로 말하기

أ : مَنْ هُوَ؟
만 후아?

ب : هُوَ أَبِي.
후아 아비.

أ : مَنْ هِيَ؟
만 히야.

ب : هِيَ أُمِّي.
히야 움미.

أ : مِنْ أَيْنَ هُوَ؟
민 아이나 후아?

ب : هُوَ مِنْ مِصْرَ
후아 민 미쓰르

해석
A 그는 누구입니까?
B 그는 나의 아버지입니다.
A 그녀는 누구입니까?
B 그녀는 나의 어머니입니다.
A 그는 어디에서 왔습니까?
B 그는 이집트에서 왔습니다.

함께 연습하기

1. أَنَا مين سو. ( ) أَنْتَ؟

① مَنْ ② مِنْ ③ هَلْ ④ أَيْنَ

2. هَلْ أَنْتَ طَالِبٌ؟

① أَنَا طَالِبٌ. ② أَنَا طَالِبَةٌ. ③ نَعَمْ، أَنَا طَالِبٌ ④ نَعَمْ، أَنَا طَالِبَةٌ.

3. مَنْ أَنْتِ؟

① أَنَا مِنْ كُورِيَا. ② نَعَمْ، أَنَا فَاطِمَةُ. ③ أَنْتِ فَاطِمَةُ. ④ أَنَا فَاطِمَةُ.

4. مِنْ أَيْنَ أَنْتَ؟

① أَنَا مِنْ مِصْرَ. ② أَنَا مين سُو. ③ أَنَا طَالِبَةٌ. ④ أَنْتِ مِنْ مِصْرَ.

기억하기

1) 의문사 هَلْ, مَنْ은 문장의 첫 머리에 와서 의문문을 만든다.
   مِنْ أَيْنَ 전치사와 의문사의 합성어로 '어디에서 왔습니까?' 라는 출신지를 묻는 뜻이 된다. 특히 هَلْ의 시작되는 문장의 대답은 نَعَمْ 또는 لَا로 한다.
   هَلْ أَنْتَ طَالِبٌ؟ → نَعَمْ، أَنَا طَالِبٌ.

2) 명사문에서 주어와 술어는 성, 수, 격에서 일치해야 한다.
   أَنْتَ طَالِبٌ. 당신은 (남)학생이다.

제4과
مَا هَذَا؟

سَمِيرٌ : مَا هَذَا يَا كَمَالُ؟
마 하다 야 카말?

كَمَالٌ : هَذَا كِتَابٌ.
하다 키탑

سَمِيرٌ : وَمَا هَذِهِ؟
와마 하디히?

كَمَالٌ : هَذِهِ وَرَقَةٌ.
하디히 와라까

سَمِيرٌ : اَلْقَلَمُ هُنَا. مَاذَا هُنَاكَ؟
알깔라무 후나. 마다 후나카?

كَمَالٌ : اَلْحَقِيبَةُ هُنَاكَ.
알하끼바투 후나카

해석

씨미르: 카말, 이것은 무엇입니까?
카 말: 이것은 책입니다.
씨미르: 그리고 이것은 무엇입니까?
카 말: 이것은 종이 입니다.
씨미르: 펜이 여기에 있습니다.
       저기에 무엇이 있습니까?
카 말: 가방이 저기에 있습니다.

단어와 숙어 익히기

مَا 마	무엇	قَلَمٌ 깔람	펜
هَذَا 하다	이것	هُنَا 후나	여기
كَمَالٌ 카말	카말(남자이름)	مَاذَا 마다	무엇
هَذِهِ 하디히	이것	هُنَاكَ 후나카	저기
وَرَقَةٌ 와라까	종이	حَقِيبَةٌ 하끼바	가방

문법 따라잡기

① مَا는 무엇이라는 의미의 의문사로서 명사로 시작되는 문장의 뒷머리에 와서 의문문을 만든다. 이것 또는 이 사람을 가리킬 때 남성형의 경우는 هَذَا를 쓰고
여성형의 경우는 هَذِهِ를 쓴다.
예) مَا هَذَا؟ 이것은 무엇입니까?
   مَا هَذِهِ؟ 이것은 무엇입니까?

② مَاذَا는 무엇이라는 의미의 مَا처럼 같은 의미의 의문사이다.
이것은 동사나 부사로 시작되는 문장의 첫 머리에 와서 의문문을 만든다.
هُنَا는 근거리 장소 부사(여기), هُنَاكَ는 원거리 장소 부사(저기)로 술어로 쓰이기도 한다.
(예) مَاذَا هُنَا؟ 여기에 무엇이 있습니까?
   مَاذَا هُنَاكَ؟ 저기에 무엇이 있습니까?

표현 따라하기

한국어	아랍어	한국어	아랍어
그는 무함마드입니다	هَذَا مُحَمَّدٌ.	여기는 한국입니다.	هُنَا كُورِيَا.
교수	أُسْتَاذٌ	일본	اَلْيَابَانُ
그녀는 라일라입니다.	هَذِهِ لَيْلَى.	중국	اَلصِّينُ
교사	مُدَرِّسَةٌ	이집트	مِصْرُ

아랍어로 말하기

해석

A 이것은 무엇입니까?
B 이것은 의자입니다.
A 이것은 무엇입니까?
B 이것은 탁자입니다.
A 여기는 무엇이 있습니까?
B 여기에는 공책이 있습니다.

أ : مَا هَذَا؟
마 하다?

ب : هَذَا كُرْسِيٌّ.
하다 쿠르시윤.

أ : مَا هَذِهِ؟
마 하디히?

ب : هَذِهِ مَائِدَةٌ.
하디히 마이다.

أ : مَاذَا هُنَا؟
마다 후나?

ب : اَلدَّفْتَرُ هُنَا.
앗 다프타르 후나

함께 연습하기

다음 질문에 답하시오.

1. مَا هَذَا؟
① هَذِهِ كِتَابٌ.　② هَذَا كِتَابٌ.　③ كِتَابٌ هُنَا.　④ كِتَابٌ هُنَاكَ.

2. مَا هَذِهِ؟
① هَذِهِ وَرَقَةٌ.　② هَذِهِ كِتَابٌ.　③ هَذِهِ قَلَمٌ.　④ هَذَا كَمَالٌ.

3. مَاذَا هُنَا؟
① اَلْحَقِيبَةُ هُنَا.　② هَذَا بَيْتٌ.　③ هَذِهِ حَدِيقَةٌ.　④ اَلْقَلَمُ هُنَاكَ.

문법에 맞는 문장을 고르시오
① هَذَا وَرَقَةٌ.　② هَذِهِ قَلَمٌ.　③ مَا هَذَا؟　④ هُنَا مَاذَا؟

 기 억 하기

1) 의문사 مَا와 مَاذَا는 모두 '무엇'이라는 뜻을 가지며 문장의 첫 머리에 와서 의문문을 만든다
    (예) مَا هَذَا؟ 이것은 무엇입니까?
         مَاذَا هُنَا؟ 저기에 무엇이 있습니까?
2) 근지시 대명사에는 남성형 هَذَا와 여성형 هَذِهِ가 있으며 술어가 비 한정 명사 일 때 주어가 된다
    (예) هَذَا كِتَابٌ. 이것은 책입니다
         هَذِهِ وَرَقَةٌ. 이것은 종이입니다

제5과
هَذَا بَيْتٌ

سَمِيرٌ: هَذَا بَيْتٌ. هَلْ هَذَا كَبِيرٌ؟
하다 바이트. 할 하다 케비르?

كَمَالٌ: نَعَمْ، هَذَا كَبِيرٌ. هَذَا بَيْتٌ كَبِيرٌ.
나암, 하다 카비르. 하다 바이트 케비르.

سَمِيرٌ: تِلْكَ حَدِيقَةٌ. هَلِ الْحَدِيقَةُ جَمِيلَةٌ؟
틸카 하디까. 할릴 하디까투 자밀라?

كَمَالٌ: نَعَمْ، هِيَ جَمِيلَةٌ. تِلْكَ حَدِيقَةٌ جَمِيلَةٌ.
나암, 히야 자밀라. 틸카 하디까투 자밀라.

فِي الْبَيْتِ الْكَبِيرِ حَدِيقَةٌ جَمِيلَةٌ.
필 바이틸 케비리 하디까 자밀라.

해석

사미르 이것은 집입니다. 이것은 큽니까?
카 말 네, 이것은 큽니다. 이것은 큰 집입니다.
사미르 저것은 정원입니다. 그 정원은 아름답습니까?
카 말 네, 그것은 아름답습니다. 저것은 아름다운 정원입니다.
그 큰 집에 아름다운 정원이 있습니다.

단어와 숙어 익히기

بَيْتٌ 바이트	집	حَدِيقَةٌ 하디까	정원
كَبِيرٌ 케비르	큰	جَمِيلَةٌ 자밀라	아름다운(여성)
ذَلِكَ 달리카	저것(남성)	هِيَ 히야	그녀는, 그것은
تِلْكَ 틸카	저것(여성)	فِي 피	~안에(전치사)

문법 따라잡기

① 지시대명사가 주어로 사용될 때 어두에 사용되며, 남성과 여성 지시대명사로 구분한다.
이때, 술어는 주어의 성과 일치한다.
근지시대명사 : هَذَا (남성), هَذِهِ (여성)
원지시대명사 : ذَلِكَ (남성), تِلْكَ (여성)

هَذَا كَبِيرٌ. 이것(남성)은 크다.
تِلْكَ جَمِيلَةٌ. 저것(여성)은 아름답다.
هَذَا بَيْتٌ. 이것은 집이다.
تِلْكَ حَدِيقَةٌ. 저것은 정원이다.

② 명사를 수식하는 형용사는 어순상 명사 뒤에 놓는다.
이 때, 명사와 형용사의 성, 수, 격은 반드시 일치해야 한다.
هَذَا بَيْتٌ كَبِيرٌ. 이것은 큰 집이다.
تِلْكَ حَدِيقَةٌ جَمِيلَةٌ. 저것은 아름다운 정원이다.

③ 지시대명사 이외에 (인칭)대명사와 한정명사가 주어로 사용될 수 있다.
هِيَ جَمِيلَةٌ. 그녀는 아름답다.
اَلْحَدِيقَةُ جَمِيلَةٌ. 그 정원은 아름답다.
(주의) 앞서 언급된 일반명사를 반복해서 표현할 때 그 낱말을 다시 사용하지 않고 인칭 대명사 هُوَ(남성)와 هِيَ(여성)를 사용한다.

🔹 "...에 있다"의 의미는 전치사 فِي 를 사용하여 나타낸다. 이 때, 주어가 비한정이어야 한다. 전치사 다음에 오는 명사는 항상 소유격을 취한다.

그 큰 집에 아름다운 정원이 있다.   فِي البَيتِ الكَبيرِ حَديقةٌ جَميلةٌ.

표현 따라하기

이것은 큰 집이다.	هَذَا بَيتٌ كَبيرٌ.	이것은 큰 차다	هَذِهِ سَيَّارَةٌ كَبيرَةٌ.
작은	صَغيرٌ	작은	صَغيرَةٌ
아름다운	جَميلٌ	아름다운	جَميلَةٌ
오래된	قَديمٌ	오래된	قَديمَةٌ
새	جَديدٌ	새	جَديدَةٌ

아랍어로 말하기

해석
A 이 집은 큽니까?
B 예, 이 집은 큽니다.
A 이 자동차는 새 것입니까?
B 예, 이 자동차는 새 것입니다.
A 저 남자는 아랍인입니까?
B 예, 그는 아랍인입니다.
A 저 여자는 아랍인입니까?
B 예, 그녀는 아랍인입니다.

ا : هَلْ هَذَا البَيتُ كَبيرٌ؟
할 하달 바이투 케비르?

ب : نَعَمْ، هُوَ كَبيرٌ.
나암, 후아 케비르.

ا : هَلْ هَذِهِ السَّيَّارَةُ جَديدَةٌ؟
할 하디힐 싸야라 자디다?

ب : نَعَمْ، هِيَ جَديدَةٌ.
나암, 히야 자디다.

ا : هَلْ ذَلِكَ الرَّجُلُ عَرَبيٌّ؟
할 델리칼 라줄 아라비윤?

ب : نَعَمْ، هُوَ عَرَبيٌّ.
나암, 후와 아라비윤.

ا : هَلْ تِلْكَ المَرأةُ عَرَبيَّةٌ؟
할 틸칼 마르아 아라비야?

ب : نَعَمْ، هِيَ عَرَبيَّةٌ.
나암, 히야 아라비야.

함께 연습하기

1. 알맞은 답을 고르시오

1. هَلْ هَذَا كَبِيرٌ؟

① هَذَا كَبِيرٌ.   ② نَعَمْ، هَذَا كَبِيرٌ.   ③ هَذَا بَيْتٌ.   ④ نَعَمْ، هَذَا بَيْتٌ.

2. هَلِ الْحَدِيقَةُ جَمِيلَةٌ؟

① هِيَ جَمِيلَةٌ.   ② الْحَدِيقَةُ جَمِيلَةٌ.   ③ هَذِهِ جَمِيلَةٌ.   ④ نَعَمْ، هِيَ جَمِيلَةٌ.

2. 올바른 문장을 고르시오.

① هَذَا كَبِيرَةٌ.   ② هَذِهِ جَمِيلٌ.   ③ هَذَا بَيْتٌ.   ④ تِلْكَ كَبِيرٌ.

3. 틀린 문장을 고르시오.

① هَذَا بَيْتٌ كَبِيرٌ.   ② الْحَدِيقَةُ جَمِيلَةٌ.   ③ تِلْكَ حَدِيقَةٌ جَمِيلَةٌ.   ④ فِي بَيْتٍ دِيقَةٌ جَمِيلٌ.

 기억하기

1) 명사문의 주어는 지시대명사와 한정명사로 어두에 놓이며 술어와 성, 수, 격에서 일치해야 한다. 주어가 남성이면 술어도 남성이 되어야 한다. 술어는 주어의 뜻을 완성시켜 준다.

2) 형용사는 자신이 수식하는 명사 바로 뒤에 놓여 명사-형용사구를 이룬다. 명사가 비한정이면 형용사도 비한정, 명사가 한정이면 형용사도 한정 상태가 되어야 하며 성, 수, 격 등에 있어서도 서로 일치해야 한다.

제6과
هَذِهِ سَيَّارَةٌ جَدِيدَةٌ

مُحَمَّدٌ : مَا هَذِهِ؟
마 하디히?

خَالِدٌ : هَذِهِ سَيَّارَةٌ جَدِيدَةٌ.
하디히 싸야라 자디다.

مُحَمَّدٌ : لِمَنْ هَذِهِ السَّيَّارَةُ؟
리만 하디히 싸야라?

خَالِدٌ : هَذِهِ سَيَّارَةُ لِأَبِي.
하디히 싸야라 리아비.

مُحَمَّدٌ : مَنْ يَرْكَبُ السَّيَّارَةَ؟
만 야르캅 앗싸야라.

خَالِدٌ : تَرْكَبُهَا أُسْرَتِي عَادَةً.
타르카부하 우스라티 아다탄.

해석

무함마드 이것은 무엇입니까?
칼 리 드 이것은 새 자동차입니다.
무함마드 이 자동차는 누구 것입니까?
칼 리 드 이 자동차는 나의 아버지 것입니다.
무함마드 누가 이 자동차를 탑니까?
칼 리 드 대게 나의 가족들이 탑니다.

단어와 숙어 익히기

لِمَنْ 리만	누구 소유의	تَرْكَبُ 타르캅	그녀는 탄다
لِ 리	(전치사)누구의	أُسْرَةٌ 우스라	가족
أَبِي 아비	나의 아버지	أُسْرَتِي 우스라티	나의 가족
لِأَبِي 리아비	나의 아버지 소유의	عَادَةً 아다탄	대게
يَرْكَبُ 야르캅	그는(비인칭) 탄다		

문법 따라잡기

🔹 한정명사와 비한정명사

아랍어의 명사는 한정 여부에 따라 한정 명사와 비한정 명사로 나뉘어진다.

한정명사는 특정한 것을 지정하거나 이미 알려져 있는 것을 나타내는 명사를 한정명사라고 한다. 한정명사의 종류에는 정관사(ٱل)로 한정된 명사, 인칭대명사, 고유명사, 지시대명사 등이 있다. 또한 연계 대명사와 연결된 명사(أُمِّي، بَيْتُكَ 등)도 한정 명사로 간주된다.

الْكِتَابُ (알키타부) 책
أَنْتَ (안타) 당신
مُحَمَّدٌ (무함마둔) 무함마드
هَذِهِ (하디히) 이것

비한정 명사란 특정한 것을 지정하지 않고, 일반적이거나 막연한 것을 나타내는 명사를 비한정명사라고 한다. 아랍어에서 비한정 명사는 탄원(어말 /ㄴ/음 첨가)으로 표시한다.

كِتَابٌ (키타분) 책
سَيَّارَةٌ (싸야라툰) 자동차
طَائِرٌ (따이룬) 비행기
دَفْتَرٌ (다프타룬) 공책

② 아랍어 문장의 종류

아랍어의 문장은 명사문과 동사문으로 구분된다. 명사문은 명사로 시작하는 문장을 말하고, 동사문은 동사로 시작하는 문장을 말한다.

(명사문)

اَلْكِتَابُ مُفِيدٌ.	이 책은 유용하다.
أَنَا طَالِبٌ.	나는 학생이다
خَالِدٌ مُجْتَهِدٌ.	칼리드는 근면하다.

명사문의 어순은 기본적으로 '주어+술어'의 구조로 되어있고, 명사문의 주어와 술어는 상호간에 성과 수를 일치시킨다. 주어는 기본적으로 한정 상태이고, 술어는 비한정 상태다.

아랍어의 품사는 명사, 동사, 불변사로 구분되기 때문에, 동사와 불변사(단어 끝의 격이 변하는 않는 전치사, 부사 등)를 제외한 형용사, 인칭 대명사, 고유 대명사 등은 명사로 간주된다. 따라서 인칭 대명사나 고유 대명사로 시작하는 문장은 명사문이다.

(동사문)

أَقْرَأُ الْكِتَابَ.	나는 책을 읽는다.
تَذْهَبُ الطَّالِبَةُ إِلَى الْمَدْرَسَةِ.	그 여학생은 학교에 간다.
أَكَلَ خَالِدٌ فَاكِهَةً.	칼리드는 과일을 먹었다..

동사문의 어순은 기본적으로 '동사+주어+목적어'의 구조로 되어있다. 동사문의 동사와 주어는 성은 일치시켜야 하지만 수는 일치시키지 않아도 된다.

표현 따라하기

바나나 1kg에 얼마입니까?(남성단수에게)	بِكَمْ كِيلُو الْمَوْز مِنْ فَضْلِكَ؟
바나나 1kg에 얼마입니까?(여성단수에게)	مِنْ فَضْلِكِ
바나나 1kg에 얼마입니까?(복수에게)	مِنْ فَضْلِكُمْ

소유표현

나에게 좋은 생각이 있습니다.	لِي فِكْرَةٌ جَمِيلَةٌ.
당신에게 좋은 생각이 있습니다.	لَكَ فِكْرَةٌ جَمِيلَةٌ.
그에게 좋은 생각이 있습니다.	لَهُ فِكْرَةٌ جَمِيلَةٌ.
그녀에게 좋은 생각이 있습니다.	لَهَا فِكْرَةٌ جَمِيلَةٌ.
무함마드에게 좋은 생각이 있습니다.	لِمُحَمَّدٍ فِكْرَةٌ جَمِيلَةٌ.

아랍어로 말하기

해석

A 이것은 무엇입니까?
B 이것은 개입니다.
A 이 사람은 누구입니까?
B 이 사람은 나의 아버지입니다. 그는 교사입니다..
A 이 사람은 누구입니까?
B 이 사람은 나의 어머니입니다. 그녀도 역시 교사입니다.

أ : مَا هَذَا؟
마 하다?

ب : هَذَا كَلْبٌ.
하다 칼브.

أ : مَنْ هَذَا؟
만 하다?

ب : هَذَا أَبِي. هُوَ مُدَرِّسٌ.
하다 아비. 후와 무다리스.

أ : مَنْ هَذِهِ؟
만 하디히?

ب : هَذِهِ أُمِّي. هِيَ مُدَرِّسَةٌ أَيْضًا.
하디히 움미. 히야 무다리사 아이단.

함께 연습하기

1. 아래 단어에서 한정 명사는 '한', 비한정 명사는 '비'로 표시하시오.

① أَنَا ( )   ⑥ الدَّارُ ( )
② عَيْنٌ ( )   ⑦ دَارٌ ( )
③ هَذَا ( )   ⑧ مَدْرَسَةٌ ( )
④ شَمْسٌ ( )   ⑨ أُمِي ( )
⑤ كُورِيَا ( ) ⑩ فَاطِمَةُ ( )

2. 다음을 아랍어로 작문하시오.

1) 나는 고양이를 좋아한다.

2) 당신의 어머니는 교사다.

3) 파티마는 물을 마신다.

4) 한 남자가 집안에 있다.

하기

1) 한정명사는 특정한 것을 지정하거나 이미 알려져 있는 것을 나타내는 명사를 한정명사라고 한다.
　　한정명사의 종류에는 정관사(ال)로 한정된 명사, 인칭대명사, 고유명사, 지시대명사, 연계 대명사와 연결된 명사 등이 있다.
2) 비한정 명사는 특정한 것을 지정하지 않고, 일반적이거나 막연한 것을 나타내는 명사를 비한정 명사라고 한다. 아랍어에서 비한정 명사는 탄윈(어말 /ㄴ/음 첨가)으로 표시한다.

아랍어의 관용구

아랍인은 직접적인 표시보다 상대방의 입장과 자존심을 최대한 고려하는 간접적인 표현을 좋아하며 또 뛰어난 표현능력을 보여주고 있다.

아랍인은 이슬람 발생 이전부터 풍자와 유머에서 뛰어남을 역사적으로 잘 보여주고 있다.

그들의 관용구에는 대체적으로 하나님, 즉 알라를 많이 인용하는 것이 특징이다.

관용구를 잘 외워두었다가 아랍인들에게 적재적소에 활용할 경우, 사업 등에서 의외로 예기치 않은 효과를 거둘 수 있다. 대표적인 관용구를 소개하면 다음과 같다.

'비쓰밀라', '마샤알라'(알라의 이름으로, 이것은 알라가 의도한 것이다.)
이 표현은 누군가 예쁘다고 할 때 쓰인다. 아랍인들은 전통적으로 아름다운 것은 타인의 시기를 불러 일으켜 악운이 뒤따를 것이라고 두려워했다. 그렇기 때문에 아름답다고 표현하고 싶을 때 직접 표현하는 것은 바로 위험하기에 하나님의 이름을 부르며 칭찬한다. 누가 감히 신께 도전할 수 있단 말인가! 하나님의 작품(창조물)을 직접 시기하는 것은 잘못이라는 것을 시기, 질투하는 사람에게 경고하는 뜻이다.

'인샤알라'(알라의 뜻이라면)
아랍인은 언제나 미래에 약속을 하거나 일을 도모하고자 하는 경우에 반드시 이 표현을 사용한다. 이 인샤알라 없이는 어떤 계획도 세우지 않으며 아무 것도 하자 않는다. 마음으로부터 신의 뜻에 따르는 것이다. 인간의 의지는 사막의 모래알 하나에 지나지 않는 것이며 모든 것은 신의 뜻이다. 즉, 인간의 모든 행위는 알라의 의해 지배 받고 그의 뜻 없이는 성취되지 않는다. 인간은 미래의 일은 알 수 없고 오직 신만이 모든 것을 알고 있으므로 무슬림은 어떤 사소한 일에도 '인샤알라'라고 말한다.

'야 아이니!'(나의 눈이여!)
애정이 깃든 말로 '야 아이니'가 사용된다. 이 말은 당신이 나의 눈과 마찬가지로 대단히 소중하다는 의미를 갖고 있다. 이 표현은 불쌍하거나 애석한 일에 유감을 표시할 때 역시 쓰이고 있다.

제7과
اَلشَّجَرَتَانِ قَدِيمَتَانِ جِدًا.

هَذِهِ صُورَةُ بَيْتٍ جَمِيلٍ.
헤디히 수라트 바이티 자밀

بِجَانِبِ الْبَيْتِ شَجَرَتَانِ.
비자니빌 바이티 샤자라타니

اَلشَّجَرَتَانِ قَدِيمَتَانِ جِدًا.
앗샤자라타니 까디마타니 쥐단

وَأَمَامَ الْبَيْتِ سَيَّارَةٌ.
와아마말 바이티 싸야라

هَذِهِ السَّيَّارَةُ جَدِيدَةٌ جِدًا.
헤디힐 싸야라 자디다 쥐단

해석
이것은 아름다운 집의 사진입니다.
집 옆에는 나무 두 그루가 있습니다.
이 두 그루 나무는 아주 오래되었습니다.
그 집 앞에는 자동차가 한 대 있습니다.
이 자동차는 아주 새 것입니다.

단어와 수어 익히기

صُورَةٌ 쑤라	사진	قَدِيمَتَانِ 까디마타니	오래된(쌍수 형용사)
بَيْتٌ 바이트	집	أَمَامَ 아마마	-앞에
جَمِيلٌ 자밀	아름다운	سَيَّارَةٌ 싸야라	자동차
بِجَانِبِ 비자니비	옆에	جَدِيدَةٌ 자디다	새로운
شَجَرَتَانِ 샤자라타니	나무 두 그루 (쌍수 명사)		

문법 따라잡기

● 아랍어 명사의 수

아랍어 명사의 수는 단수, 쌍수, 복수로 나누어 진다. 쌍수는 '둘'을 의미하기 때문에, 아랍어에서 복수는 '셋' 이상을 의미한다.

1) 단수 명사

아랍어의 단수 명사는 비한정명사 자체가 단수(하나)를 나타낸다.

كِتَابٌ	책 한 권	سَيَّارَةٌ	자동차 한대
بَيْتٌ	집 한 채	كُرَةٌ	공 한 개

2) 쌍수 명사

아랍어의 쌍수 명사는 단수 명사에 'انِ'을 접미한다. 여성명사를 표시하는 타마르부타(ة)는 /انِ/가 접미될 경우 /ة/ → /ت/  로 형태 변화한다.

كِتَابَانِ ← كِتَابٌ		سَيَّارَتَانِ ← سَيَّارَةٌ
책 두 권 ← 책 한 권		자동차 두 대 ← 자동차 한대
بَيْتَانِ ← بَيْتٌ		كُرَتَانِ ← كُرَةٌ
집 두 채 ← 집 한 채		공 두 개 ← 공 한 개

3) 복수 명사

아랍어의 복수 명사는 규칙 복수 명사와 불규칙 복수 명사로 나누어진다.
규칙 복수 명사는 남성 명사는 단수 명사에 /ون/, 여성 명사는 단수 명사에 /ات/를 접미한다.

مُدَرِّسُونَ ← مُدَرِّسَانِ ← مُدَرِّسٌ   مُدَرِّسَاتٌ ← مُدَرِّسَتَانِ ← مُدَرِّسَةٌ
교사들 ← 교사 두 명 ← 교사 한 명   여교사들 ← 여교사 두 명 ← 여교사 한 명

불규칙 복수 명사는 다양한 유형으로 형태 변화한다.

학생 طَالِبٌ ← طُلَّابٌ   낙타 جَمَلٌ ← جِمَالٌ
책   كِتَابٌ ← كُتُبٌ   사막 صَحْرَاءُ ← صَحَارَى 등.

아랍어 명사의 성

아랍어의 모든 명사는 성(남성형 또는 여성형)을 갖고 있다. 아랍어 문법에서는 주어와 술어, 수식어와 피수식어간의 성의 일치를 요구하기 때문에 명사의 성의 구별에 각별히 유의해야 한다.

1) 성의 구분
(1) 자연 성
    단어 자체의 자연적인 속성이 남성인 명사는 남성 명사, 여성인 명사는 여성 명사다.

남성명사	여성명사
أَبٌ (아버지)	أُمٌّ (어머니)
أَخٌ (형제)	أُخْتٌ (자매)
عَرِيسٌ (신랑)	عَرُوسٌ (신부)
وَلَدٌ (아들)	بِنْتٌ (딸)
مُحَمَّدٌ (무함마드, 아랍인의 남자 이름)	لَيْلَى (라일라, 아랍인의 여자 이름)

2) 신체 기관 중 짝을 이루는 부위는 여성명사고, 짝을 이루지 않는 부위는 남성 명사다.

남성명사	여성명사
رَأْسٌ (머리)	عَيْنٌ (눈)
أَنْفٌ (코)	أُذُنٌ (귀)
فَمٌ (입)	يَدٌ (손)
ظَهْرٌ (등)	كَتِفٌ (어깨)
:	:

3) 대부분의 국가명과 도시명은 여성 명사다.

كُورِيَا (한국)   مِصْرُ (이집트)   لَنْدَنُ (런던)   دِمَشْقُ (다마스커스)

4) 단어의 어말이 /ة/, /ى/, /اء/ 인 명사는 대부분 여성 명사다.

خَرِيطَةٌ (지도)   شَكْوَى (불평)   صَحْرَاءُ (사막)

5) 관습적으로 아래의 단어들은 여성 명사로 간주한다.

دَارٌ (집)   شَمْسٌ (태양)   حَرْبٌ (전쟁)   نَارٌ (불)

표현 따라하기

호텔 옆에 오래된 박물관이 있다.	بِجَانِبِ الفُنْدُقِ مَتْحَفٌ قَدِيمٌ.	그는 관대한 남자다.	هُوَ رَجُلٌ كَرِيمٌ.
앞에	أَمَامَ	나이가 많은	قَدِيمٌ
뒤에	خَلْفَ	키가 큰	طَوِيلٌ
오른쪽에	عَلَى اليَمِينِ	키가 작은	قَصِيرٌ
왼쪽에	عَلَى اليَسَارِ	좋은	حَسَنٌ

아랍어로 말하기

해석

A 이것은 무엇입니까?
B 이것은 우리 집의 사진입니다.
A 집 앞에 무엇이 있습니까?
B 집 앞에 자동차가 한 대 있습니다.
A 이 자동차는 새것입니까?
B 예, 이 자동차는 새것입니다.

أ : مَا هَذِهِ؟
마 헤디히?

ب : هَذِهِ صُورَةُ بَيْتِي.
헤디히 수라트 바이티

أ : مَاذَا يُوجَدُ أَمَامَ الْبَيْتِ؟
메데 유자드 아마말 바이트?

ب : أَمَامَ الْبَيْتِ سَيَّارَةٌ.
아마말 바이트 싸야라

أ : هَلْ هَذِهِ السَّيَّارَةُ جَدِيدَةٌ؟
할 헤디히 싸야라 자디다?

ب : نَعَمْ، هَذِهِ السَّيَّارَةُ جَدِيدَةٌ
나암, 헤디힐 싸야라 자디다

함께 연습하기

1. 아래 단어에서 남성 명사는 '남', 여성 명사는 '여'로 표시하시오.

① أَبٌ ( )   ⑥ دَارٌ ( )
② عَيْنٌ ( )   ⑦ فَاطِمَةُ ( )
③ أُسْتَاذَةٌ ( )   ⑧ بِنْتٌ ( )
④ شَمْسٌ ( )   ⑨ أُخْتٌ ( )
⑤ كُورِيَا ( )   ⑩ رَأْسٌ ( )

2. 아래 단어에서 단수 명사는 '단', 쌍수 명사는 '쌍', 복수 명사는 '복'으로 표시하시오.

① بَيْتٌ ( )   ⑥ كِتَابَانِ ( )
② شَجَرَةٌ ( )   ⑦ شَمْسَانِ ( )
③ شَجَرَتَانِ ( )   ⑧ مَشْغُولُونَ ( )
④ طَالِبَاتٌ ( )   ⑨ أَخٌ ( )
⑤ مُدَرِّسُونَ ( )   ⑩ أُمٌّ ( )

3. <보기>와 같이 다음 단어들의 쌍수형과 복수형을 쓰시오.

복수형	쌍수형	단수형
(مُدَرِّسُونَ)	(مُدَرِّسَانِ) ←	مُدَرِّسٌ ←

① طَالِبَةٌ ← ( ) ← ( )
② جَامِعَةٌ ← ( ) ← ( )
③ مُهَنْدِسٌ ← ( ) ← ( )
④ مُسْلِمٌ ← ( ) ← ( )
⑤ لُغَةٌ ← ( ) ← ( )

하기

이것은 한 집의 사진이다.   هَذِهِ صُورَةُ بَيْتٍ.
헤디히 수라트 바이티

그 집 앞에 자동차가 한 대 있다.   أَمَامَ الْبَيْتِ سَيَّارَةٌ.
와아맘 바이티 싸야라

이 자동차는 새 것이다.   هَذِهِ السَّيَّارَةُ جَدِيدَةٌ.
헤디힐 싸야라 자디다

제8과
هَذِهِ أُسْرَتِي

سَمِيرٌ: هَذِهِ أُسْرَتِي. هَذَا جَدِّي وَهَذِهِ جَدَّتِي.
하디히 우스라티. 하다 잗디 와하디히 잗다티.

هُوَ أَبِي وَهِيَ أُمِّي. هَذَا أَخِي وَهَذِهِ أُخْتِي. أُسْرَتِي سَعِيدَةٌ.
후와 아비 와히야 움미. 하다 아키 와하디히 우크티. 우스라티 사이다.

كَمَالٌ: هَلْ أَبُوكَ مُوَظَّفٌ فِي الشَّرِكَةِ؟
할 아부카 무왓좌프 핏 샤리카?

سَمِيرٌ: نَعَمْ، أَبِي مُوَظَّفٌ.
나암, 아비 무왓좌프.

كَمَالٌ: هَلْ أُمُّكَ مُوَظَّفَةٌ فِي الشَّرِكَةِ أَيْضًا؟
할 움무카 무왓좌파 핏 샤리카 아이단?

سَمِيرٌ: لَا. أُمِّي لَيْسَتْ مُوَظَّفَةً. هِيَ مُدَرِّسَةٌ.
라. 움미 라이사트 무왓좌파. 히야 무다리사.

كَمَالٌ: هَلْ أَخُوكَ مُهَنْدِسٌ؟
할 아쿠카 무한디스?

سَمِيرٌ: نَعَمْ، أَخِي مُهَنْدِسٌ فِي الْمَصْنَعِ.
나암, 아키 무한디스 필 마스나이.

كَمَالٌ: هَلْ أُخْتُكَ مُدَرِّسَةٌ؟
할 우크투카 무다리사?

سَمِيرٌ : لاَ. أُخْتِي لَيْسَتْ مُدَرِّسَةً. هِيَ تِلْمِيذَةٌ.

라. 우크티 라이사트 무다리사. 히야 틸미다.

해석

시미르 이 사람들은 나의 가족입니다. 이 분은 나의 할아버지이고 이 분은 나의 할머니입니다. 그는 나의 아버지이고 그녀는 나의 어머니입니다. 이 사람은 나의 형이고 이 사람은 나의 여동생입니다. 나의 가족은 행복합니다.
키 밍 당신의 아버지는 회사의 직원이십니까?
시미르 네, 나의 아버지는 직원이십니다.
키 밍 당신의 어머니도 또한 회사의 직원이십니까?
시미르 아니오, 나의 어머니는 직원이 아닙니다. 그분은 선생님입니다.
키 밍 당신의 형은 기술자입니까?
시미르 네, 나의 형은 공장의 기술자입니다.
키 밍 당신의 여동생은 교사입니까?
시미르 아니오, 나의 여동생은 교사가 아닙니다. 그녀는 학생입니다.

단어와 숙어 익히기

أُسْرَتِي 우스라티	나의 가족	شَرِكَة 샤리카	회사
جَدِّي 잗디	나의 할아버지	أُمُّكَ 움무카	당신의 어머니
جَدَّتِي 잗다티	나의 할머니	مُوَظَّفَة 무왓좌파	직원(여성형)
أَبِي 아비	나의 아버지	أَيْضًا 아이단	또, 역시
أُمِّي 움미	나의 어머니	لَيْسَتْ 라이사트	~이 아니다(여성형)
أَخِي 아키	나의 형(남동생)	مُدَرِّسَة 무다리사	선생님(여성형)
أُخْتِي 우크티	나의 여동생(누나/언니)	أَخُوكَ 아쿠카	당신의 형(남동생)

سَعِيدَةٌ 사이다툰	행복한(여성형)	مُهَنْدِسٌ 무한디스	기술자
أَبُوكَ 아부카	당신의 아버지	مَصْنَعٌ 마스나이	공장
مُوَظَّفٌ 무왓좌프	직원	تِلْمِيذَةٌ 틸미다	여학생(초등, 중학생)

문법 따라잡기

❶ 아랍어 인칭대명사에는 홀로 쓰이는 독립 인칭대명사와 명사나 동사, 전치사 뒤에 접미되어 쓰이는 접미 인칭대명사가 있다. 명사 뒤에 접미되는 인칭대명사는 소유격이고, 동사나 전치사 뒤에 접미되는 인칭대명사는 목적어로 간주된다.

다음은 1인칭 단수 접미대명사와 명사가 합성된 예이다.

أُسْرَتِي : 나의 가족
جَدِّي : 나의 할아버지
جَدَّتِي : 나의 할머니
أَبِي : 나의 아버지
أُمِّي : 나의 어머니
أَخِي : 나의 형(동생)
أُخْتِي : 나의 여동생(누나)

❷ 명사문의 주어는 대명사 또는 한정명사가 온다. 여기에서 أَبُوكَ, أَبِي, أُمُّكَ, أُمِّي 는 모두 한정명사들이고 هِيَ 는 대명사이다.

❸ أَب 와 أَخ 뒤에 접미대명사가 오면 어미의 격모음은 장모음으로 표현한다.

أَبٌ(아버지) ── أَبُوكَ(당신의 아버지가)
أَخٌ(형) ── أَخُوكَ(당신의 형이)

❹ لاَ 는 의문문의 대답 또는 문장을 부정문으로 만드는데 쓰이는 부정의 불변화사이다.

❺ 동사 لَيْسَ (~이 아니다)는 명사문을 부정문으로 만들 때 쓰이며, 술어를 목적격으로 만든다. 여성형은 لَيْسَتْ 이다.

표현 따라하기

그는 나의 <u>아버지</u>다.	هُوَ أَبِي
<u>할아버지</u>	جَدِّي
<u>형</u>	أَخِي

그녀는 나의 <u>어머니</u>다.	هِيَ أُمِّي
할머니	جَدَّتِي
누이	أُخْتِي
그렇지 않습니까?	أَلَيْسَ كَذَلِكَ؟

아랍어로 말하기

해석
- A 그는 누구입니까?
- B 그는 나의 할아버지입니다.
- A 그녀는 누구입니까?
- B 그녀는 나의 할머니입니다.
- A 이것은 무엇입니까?
- B 이것은 나의 가족 사진입니다.

أ : مَنْ هُوَ؟
만 후아?

ب : هُوَ جَدِّي
후아 잣디.

أ : مَنْ هِيَ؟
만 히야?

ب : هِيَ جَدَّتِي
히야 잗다티.

أ : مَا هَذِهِ؟
마 하디히?

ب : هَذِهِ صُورَةُ أُسْرَتِي.
하디히 쑤라 우스라티.

함께 연습하기

본 과의 본문을 읽고 알맞은 답을 고르시오

1. هَلْ أَبُوكَ مُوَظَّفٌ؟
① نَعَمْ، أَبُوكَ مُوَظَّفٌ.
② نَعَمْ، أَبِي مُوَظَّفٌ.
③ لاَ، أَبُوكَ لَيْسَ مُوَظَّفًا.
④ لاَ، أَبِي لَيْسَ مُوَظَّفًا.

2. هَلْ أُمُّكَ مُوَظَّفَةٌ فِي الشَّرِكَةِ؟
① نَعَمْ، أُمُّكَ مُوَظَّفَةٌ.
② نَعَمْ، أُمِّي مُوَظَّفَةٌ.
③ لاَ، أُمُّكَ لَيْسَتْ مُوَظَّفَةً.
④ لاَ، أُمِّي لَيْسَتْ مُوَظَّفَةً.

3. هَلْ أَخُوكَ مُهَنْدِسٌ؟
① لاَ، أَخُوكَ لَيْسَ مُهَنْدِسًا.
② لاَ، أَخِي لَيْسَ مُهَنْدِسًا.
③ نَعَمْ، أَخُوكَ مُهَنْدِسٌ.
④ نَعَمْ، أَخِي مُهَنْدِسٌ.

4. هَلْ أُخْتُكَ مُدَرِّسَةٌ؟
① لاَ، أُخْتُكَ لَيْسَتْ مُدَرِّسَةً.
② لاَ، أُخْتِي لَيْسَتْ مُدَرِّسَةً.
③ نَعَمْ، أُخْتُكَ مُدَرِّسَةٌ.
④ نَعَمْ، أُخْتِي مُدَرِّسَةٌ.

하기

1) 명사문의 주어는 대명사 또는 한정명사가 온다. 술어는 명사 또는 형용사가 온다. 이 과에서는 직업을 나타내는 명사가 술어로 쓰이고 있으며, 주어와 술어의 성이 일치하고 있다.
2) 명사문에 لَيْسَ 를 사용하면 부정문이 되고, 이 때 لَيْسَ 의 술어는 목적격을 취한다.

제9과
اَلسَّيْدُ أَحْمَدُ مُدِيرُ الْمَكْتَبَةِ

اَلسَّيْدُ أَحْمَدُ مُدِيرُ الْمَكْتَبَةِ في جَامِعَةِ الْقَاهِرَةِ.
앗사이드 아흐마드 무디룰 마크타바 필자미아티 까히라

مَكْتَبَةُ الْجَامِعَةِ بِنَاءٌ قَدِيمٌ وَلَكِنَّهَا جَمِيلَةٌ جِدًّا.
마크타바툴 자미아 비나운 까딤 와라킨나하 자밀라 쥐단

وَهِيَ مَشْهُورَةٌ جِدًّا فِي الْعَالَمِ.
와히야 마쓰후라 쥐단 필알람

وَلَهَا كَثِيرٌ مِنَ الْآثَارِ الْقَدِيمَةِ.
와라하 케시이룬 미날 아싸릴 까디이마

해석

아흐마드씨는 카이로 대학교 도서관 실장이다.
대학 도서관은 오래된 건물이지만, 그것은 아주 아름답다.
이 것은 세계에서 아주 유명하다.
많은 고대 유물을 갖고 있다.

단어와 숙어 익히기

اَلسَّيِّدُ 앗사이드	-씨, Mr.	قَدِيمٌ 까딤	오래된
مُدِيرٌ 무디르	실장	لَكِنَّ 라킨나	그러나
مَكْتَبَةٌ 마크타바	도서관	جَمِيلَةٌ 자밀라	아름다운(여성)
جَامِعَةٌ 자미아	대학	مَشْهُورَةٌ 마쓰후라	유명한(여성)
اَلْقَاهِرَةُ 알까히라	카이로	عَالَمٌ 알람	세계
بِنَاءٌ 비나우	건물	آثَارٌ 아싸룬	유물(복수)

문법 따라잡기

두 개의 명사가 소유, 동격, 재료 등의 다양한 의미적 상관 관계를 가지며 나란히 놓여 질 때 이를 연결형이라 한다.

소 유	سَيَّارَةُ الْمُدَرِّسِ (선생님의 자동차), بَيْتُ مُحَمَّدٍ (무함마드의 집)
동 격	نَهْرُ النَّيْلِ (나일 강), شَهْرُ رَمَضَانَ (라마단 달)
재 료	بَابُ حَدِيدٍ (철문), كُرْسِيُّ خَشَبٍ (나무 의자)

연결형은 2개 이상의 명사로 구성되며 첫 번째 명사를 '제1요소'라 하고 두번째 명사를 '제2요소'라 칭한다. (세 번째, 네 번째 명사는 '제3요소', '제4요소' 등으로 불릴 수 있다)
아랍어의 통사 규칙상 연결형의 제1요소는 연결형 전체의 격을 결정하며 연결형의 마지막 요소는 연결형 전체의 한정과 비한정 상태를 결정한다. 따라서 연결형의 제1요소는 주격, 목적격, 소유격 등의 격의 선택은 자유로우나, 탄원은 표시할 수 없다. 반면 제2요소 이하의 명사의 격은 반드시 소유격 이어야 하며 마지막 요소는 한정 또는 비한정을 표시해야 한다.

주 격	كِتَابُ الْمُدَرِّسِ جَدِيدٌ.	선생님의 책은 새것이다.
목적격	شَرِبْتُ فِنْجَانَ قَهْوَةٍ.	나는 커피 한 잔을 마셨다.
소유격	ذَهَبْتُ إِلَى نَهْرِ النَّيْلِ.	그녀는 나일강으로 갔다.

연결형의 각 요소를 수식하는 형용사는 수식하는 요소에 성, 수, 격, 한정상태를 일치시켜야 하며, 전체 연결형의 뒤에 위치한다. 이 때 그 수식 관계가 복잡하면 전치사 لِ 를 이용하여 같은 의미를 표현할 수 있다.

신입생의 새 가방	حَقِيبَةُ الطَّالِبِ الجَدِيدِ الجَدِيدَةُ
신입생의 새 가방	اَلحَقِيبَةُ الجَدِيدَةُ لِلطَّالِبِ الجَدِيدِ

쌍수 및 복수 명사가 연결형으로 사용되면 어미의 /ن/은 탈락한다.

여학생의 두 눈은 아름답다	عَيْنَا(نِ) الطَّالِبَةِ جَمِيلَتَانِ.
학교의 선생님들은 부지런하시다.	مُدَرِّسُو(نَ) المَدْرَسَةِ مُجْتَهِدُونَ.

표현 따라하기

학교에 남학생이 몇 명입니까?	كَمْ طَالِبًا فِي المَدْرَسَةِ؟	이 셔츠는 흰색입니다.	هَذَا القَمِيصُ أَبْيَضُ.
여학생	طَالِبَة	검은 색	أَسْوَدُ
남자 교사	مُدَرِّسًا	빨강 색	أَحْمَرُ
여자 교사	مُدَرِّسَة	노란 색	أَصْفَرُ

아랍어로 말하기

해석

A 당신은 어느 나라에서 왔습니까?
B 나는 한국에서 왔습니다
 (나는 한국인입니다).
A 그녀는 어느 나라에서 왔습니까?
B 그녀는 이집트에서 왔습니다
 (나는 이집트인입니다).
A 당신은 어느 나라에서 왔습니까?
B 나는 시리아에서 왔습니다
 (나는 시리아인입니다).

أ : مِنْ أَيْنَ أَنْتَ؟
민아이나 안타

ب : أَنَا مِنْ كُورِيَا(= أَنَا كُورِيٌّ (كُورِيَّةٌ)) .
아나 민 쿠리야(=아나 쿠리윤(쿠리야툰))

أ : مِنْ أَيْنَ هِيَ؟
민아이나 히야?

ب : هِيَ مِنْ مِصْرَ(= هِيَ مِصْرِيَّةٌ)
히야 민 미스라(=히야 미스리야툰)

أ : مِنْ أَيْنَ هُوَ؟
민아이나 후와?

ب : هُوَ مِنْ سُورِيَا(= هُوَ سُورِيٌّ)
후와 민 수리야(=후와 수리윤)

함께 연습하기

1. 다음 각 문장에서 연결형을 찾아 밑줄로 표시하고 해석하시오.

① مَكْتَبُ الْبَرِيدِ قَرِيبٌ مِنْ هُنَا.
② كُتُبُ الطَّالِبَةِ جَدِيدَةٌ.
③ قَلَمُ الْمُدَرِّسِ مَكْسُورٌ.
④ اِنْتَقَلَ صَدِيقُ مُحَمَّدٍ إِلَى عَمَّانَ.
⑤ دَرَسْتُ نَصَّ الدَّرْسِ.

2. 다음을 아랍어로 작문하시오.

1) 우리 학교의 박물관은 유명하다.

2) 나는 대학에서 아랍어를 공부한다.

3) 나의 아버지는 공무원이다.

4) 새 자동차의 문이 부숴졌다.

5) 자동차의 새 문이 부숴졌다.

 기 억 하기

1) 이것은 실장의 사무실이다.   هَذَا مَكْتَبُ الْمُدِيرِ.
 헤다 마크타불 무디르.

 아흐마드는 실장 사무실에 있다.   أَحْمَدُ فِي مَكْتَبِ الْمُدِيرِ.
 아흐마드 피 마크타빌 무디르.

 나는 과의 문장을 공부했다.   دَرَسْتُ جُمْلَةَ الدَّرْسِ.
 다라스투 주믈라탈 다르스.

이슬람의 축제

이슬람 지역의 여러 축제들 중에서 제일 중요한 것은 이슬람력 9월과 12월에 각각 행해지는 단식 종료절과 희생제이다. 우리나라의 설날과 추석에 해당될 만큼 크고 중요한 최대의 명절이다.

무슬림들은 축제 자체를 즐기는 것은 물론 축제를 통해서 서로 동질감을 확인하고 이슬람세계의 결속을 더욱 다지는 계기를 갖게 된다.

축제기간 중에는 특히 친지, 친구 방문과 함께 축하인사와 선물을 하게 된다. 사업상 또는 친교를 유지하기 위해서 축제문화를 이해하고 동참하는 지혜가 필요하다.

단식 종료절은 라마단월 마지막 날부터 약 3일간 지속되는 명절이다.

흔히 희생제를 큰 명절이라고 하고 단식 종료절은 작은 명절이라고 부르지만 무슬림들은 희생제보다 단식 종료절을 더욱 즐겁게 선호한다. 아마도 한달 간 모든 가족이 다 함께 어렵사리 단식을 무사히 마쳤다는 기쁨을 그 무엇보다 소중히 생각하는 뜻일 것이다.

축제기간에는 화려한 네온사인과 거리 등이 선보이며 가정에서도 자기 집에 전등으로 치장한다. 백화점이나 상점 등에서는 축하 세일을 실시하고, 가족끼리 여행도 하며, 새 옷을 입고 친구들과 친척들을 방문한다. 가난한 사람들에게 돈이나 물건을 나누어 주는 것은 훌륭한 관행으로 이어져 내려오고 있다. 축제기간 중에는 가급적 중요한 업무를 피하는 것이 좋다.

남녀를 불문하고 모든 무슬림은 평생 한 번 이상 정해진 기간에 메카 성지 순례를 수행할 의무를 갖고 있다. 순례가 끝날 때까지 정신과 육체를 깨끗이 함은 물론 성생활을 금지하고 보석, 향수나 기타 장신구를 사용하거나 착용해서는 안 된다.

메카에서 순례를 마치는 날인 이슬람력 12월에 이뤄지는 축제를 희생제라고 부르며 보통 4일간 지속된다.

희생제를 드리는 아침에 무슬림들은 기도 장소에 모여 함께 기도한 후 예배를 인도한 이맘이 국가와 가족을 위해 각각 양을 희생시킨다. 그 희생된 양은 가족, 친구, 친지 그리고 가난한 사람들과 나누어 먹는다. 축제기간 동안 주로 친척과 친구들을 방문하여 축하인사를 나눈다.

제10과
كَيْفَ اَلْجَوُّ اَلْيَوْمَ؟

سَالِمٌ: كَيْفَ اَلْجَوُّ اَلْيَوْمَ؟
케이파 알자우 알야우마?

بَارك: اَلْجَوُّ لَطِيفٌ اَلْيَوْمَ.
알자우 라띠프 알야우마.

سَالِمٌ: كَيْفَ كَانَ اَلْجَوُّ أَمْسِ؟
케이파 카나 알자우 암시?

بَارك: كَانَ اَلْجَوُّ حَارًّا أَمْسِ.
카나 알자우 하르 암시.

سَالِمٌ: كَيْفَ سَيَكُونُ اَلْجَوُّ غَدًا؟
케이파 싸야쿠누 알자우 가단?

بَارك: سَيَكُونُ اَلْجَوُّ لَطِيفًا غَدًا.
싸야쿠누 알자우 라띠프 가단.

سَالِمٌ: فِي كُورِيَا أَرْبَعَةُ فُصُولٍ. كَيْفَ اَلْجَوُّ فِي كُورِيَا؟
피 쿠리야 아르바아 푸술린. 케이파 알자우 피 쿠리야?

بَارك: اَلْجَوُّ دَافِئٌ فِي اَلرَّبِيعِ وَحَارٌّ فِي اَلصَّيْفِ. وَلَطِيفٌ فِي اَلْخَرِيفِ.
알자우 다피우 필 라비이 와하르 필 싸이피 와라띠프 필 카리프.

ولَكِنَّ اَلْجَوَّ فِي اَلشِّتَاءِ بَارِدٌ فِي كُورِيَا.
와라킨나 알자우 필 쉬타이 바리드 피 쿠리야.

해석

쌀림 : 오늘 날씨가 어떻습니까?
빅 : 오늘은 날씨가 좋습니다.
쌀림 : 어제는 날씨가 어떠했습니까?
빅 : 어제는 날씨가 더웠습니다.
쌀림 : 내일은 날씨가 어떻습니까?
빅 : 내일은 날씨가 좋을 것입니다.
쌀림 : 한국에는 4계절이 있습니다. 한국에서 날씨는 어떻습니까?
빅 : 한국에서 봄에 날씨는 따뜻하고 여름에는 덥습니다.
그리고 가을에는 청명합니다(좋습니다). 겨울에는 날씨가 춥습니다.

단어와 숙어 익히기

سَالِمٌ 살림	남자이름	فُصُولٌ 푸술룬	계절(복수형)
جَوٌّ 자우	날씨, 기후	دَافِئٌ 다피우	따뜻한
اَلْيَوْمَ 알야우마	오늘	حَارٌّ 하르	더운, 덮다
لَطِيفٌ 라띠프	좋은, 화창한	اَلرَّبِيعُ 알라비우	봄
كَانَ 카나	~이었다	اَلصَّيْفُ 앗싸이프	여름
أَمْسِ 암시	어제	اَلْخَرِيفُ 알카리프	가을
سَيَكُونُ 싸야쿠누	~일 것이다	لَكِنَّ 라킨나	그러나
غَدًا 가단	내일	اَلشِّتَاءُ 앗쉬타우	겨울

كُورِيَا	한국	بَارِدٌ	추운
쿠리야		바리드	
أَرْبَعَةٌ	4		
아르바아			

문법 따라잡기

1 시간을 표현하는 시간명사로서 한정상태이든 비한정상태이든 항상 목적격을 취한다.
كَيْفَ الجَوُّ اليَوْمَ ؟ 오늘 날씨가 어떻습니까?

2 명사문의 주어는 한정이어야 하며 술어 앞에 놓인다. 술어는 의미를 완결짓는 데 쓰이며 비한정 형용사가 놓인다.
الجَوُّ لَطِيفٌ. 날씨가 좋다(청명하다).

3 불완전동사 كَانَ 는 술어를 목적격으로 만든다. 이런 동사들은 명사문 앞에 놓여 원래 문장의 뜻을 바꾸거나 변화시킨다. كَانَ 의 미래형은 سَيَكُونُ 이며 سَ 는 미래시제를 나타내는 접두어이다.
كَانَ الجَوُّ حَارًّا أَمْسِ. 어제 날씨는 더웠다.
سَيَكُونُ الجَوُّ لَطِيفًا غَدًا. 내일 날씨는 좋을 것이다.

4 غَدٌ (내일)는 시간명사로서 목적격을 취하며 부사적 의미로 쓰인다. أَمْسِ (어제)는 시간을 나타내는 부사로 쓰였다.

5 전치사 뒤에 한정명사가 놓여 전치사구가 된다. 전치사구는 술어나 수식어로 쓰이며, 전치사 다음에 오는 명사는 항상 소유격이다.
الجَوُّ دَافِئٌ فِي الرَّبِيعِ. 봄에는 날씨가 따뜻하다.

6 기수 أَرْبَعَة 뒤에 오는 명사는 복수 소유격이다. 3부터 10까지의 수사 다음에 오는 명사는 복수 소유격이 된다.
أَرْبَعَةُ فُصُولٍ 사계절
ثَلَاثَةُ كُتُبٍ 3권의 책

표현 따라하기

어제 날씨는 더웠습니다.	كَانَ الجَوُّ حَارًّا أَمْسِ.	나에게는 책이 3권 있습니다.	عِنْدِي ثَلَاثَةُ كُتُبٍ.
따뜻했습니다.	دَافِئًا.	집이 3채	ثَلَاثَةُ بُيُوتٍ
추웠습니다.	بَارِدًا.	3명의 아들이	ثَلَاثَةُ أَوْلَادٍ
청명했습니다.	لَطِيفًا.	3명의 친구가	ثَلَاثَةُ أَصْدِقَاءَ

아랍어로 말하기

해석

A 당신의 건강은 어떻습니까?
B 나는 좋습니다. 하나님께 찬양을.
A 학교 공부는 어떻습니까?
B 좋습니다. 하나님께 찬양을.
A 당신의 아버지는 어떠십니까?
B 그는 좋습니다. 하나님께 찬양을.

أ : كَيْفَ صِحَّتُكَ؟
케이파 씨하투카?

ب : أَنَا بِخَيْرٍ، الحَمْدُ لِلّٰهِ.
아나 비카이린. 함두릴라

أ : كَيْفَ دِرَاسَةٌ فِي المَدْرَسَةِ؟
케이파 디라사 필마드라사?

ب : أَنَا بِخَيْرٍ، الحَمْدُ لِلّٰهِ.
아나 비카이린. 함두릴라

أ : كَيْفَ حَالُ أَبِيكَ؟
케이파 할 아비카?

ب : هُوَ بِخَيْرٍ، الحَمْدُ لِلّٰهِ.
후아 비카이린. 함두릴라

함께 연습하기

1. 알맞은 답을 각각 고르시오.

1. كَيْفَ اَلْجَوُّ فِي اَلرَّبِيعِ فِي كُورِيَا؟
① اَلْجَوُّ دَافِئٌ.   ② اَلْجَوُّ حَارٌّ.   ③ اَلْجَوُّ لَطِيفٌ.   ④ اَلْجَوُّ بَارِدٌ.

2. كَيْفَ اَلْجَوُّ فِي اَلصَّيْفِ فِي كُورِيَا؟
① اَلْجَوُّ دَافِئٌ.   ② اَلْجَوُّ حَارٌّ.   ③ اَلْجَوُّ لَطِيفٌ.   ④ اَلْجَوُّ بَارِدٌ.

3. كَيْفَ اَلْجَوُّ فِي اَلْخَرِيفِ فِي كُورِيَا؟
① اَلْجَوُّ دَافِئٌ.   ② اَلْجَوُّ حَارٌّ.   ③ اَلْجَوُّ لَطِيفٌ.   ④ اَلْجَوُّ بَارِدٌ.

4. كَيْفَ اَلْجَوُّ فِي اَلشِّتَاءِ فِي كُورِيَا؟
① اَلْجَوُّ دَافِئٌ.   ② اَلْجَوُّ حَارٌّ.   ③ اَلْجَوُّ لَطِيفٌ.   ④ اَلْجَوُّ بَارِدٌ.

기 억 하기

1) 의문사 كَيْفَ 는 문장 어두에 사용된다.
   كَيْفَ الْجَوُّ الْيَوْمَ؟ 오늘 날씨는 어떻습니까?
2) اَلْيَوْمَ, غَدًا 는 목적격 형태로 부사적 의미의 '내일', '오늘'을 나타낸다.
3) كَانَ (~이었다.)는 주로 현재 시제의 명사문을 과거 시제의 문장으로 바꾸는 3인칭 남성형 동사이다. 이 동사의 술어는 반드시 목적격을 취하며, 미래형은 سَيَكُونُ 이다. 이 때 سَ 는 미래 시제를 나타내는 접두어이다.

제11과
ذَهَبْتُ إِلَى الْمَكْتَبِ

أَنَا أَحْمَدُ مُوسَى. أَنَا مُوَظَّفٌ فِي الْبَنْكِ.
아나 아흐마드 무사. 아나 무왔자프 필 반크.

خَرَجْتُ مِنْ بَيْتِي كُلَّ صَبَاحٍ. ذَهَبْتُ إِلَى الْمَكْتَبِ.
카라즈투 민 바이티 쿨라 사바흐. 다하브투 일랄 마크타비.

فِي الْمَكْتَبِ قَرَأْتُ وَرَقَةً وَكَتَبْتُ خِطَابَاتٍ.
필마크타비 까라으투 와라까 와카타브투 키따바트.

فِي الظُّهْرِ، ذَهَبْتُ إِلَى مَطْعَمٍ عَرَبِيٍّ، وَأَكَلْتُ الْغَدَاءَ.
필 주흐리, 다하브투 일라 마트암 아라비, 와 아칼투 알가다

وَرَجَعْتُ مِنَ الْمَكْتَبِ إِلَى الْبَيْتِ مَسَاءً.
와라자으투 미날 마크탑 일랄 바이트 마싸안.

해석 나는 아흐마드 무사입니다. 나는 은행의 직원입니다.
나는 매일 아침 집에서 나옵니다. 나는 사무실로 갑니다.
사무실에서 나는 서류를 읽고, 편지를 씁니다.
점심때에, 나는 아랍 식당에 갑니다. 그리고 점심을 먹습니다.
나는 저녁에 사무실에서 집으로 돌아 갑니다.

단어와 숙어 익히기

아랍어	뜻	아랍어	뜻
مُوَظَّفٌ 무왓좌프	직원	خِطَابَاتٍ 키타바트	편지(خِطَابَة)의 복수
بَنْكٌ 반크	은행	ظُهْرٌ 주흐르	정오
خَرَجْتُ 카라즈투	나는 나갔다.	مَطْعَمٌ 마뜨암	식당
كُلُّ 쿨루	모든, 매일	عَرَبِيٌّ 아라비	아랍의
صَبَاحٌ 사바훈	아침	أَكَلْتُ 아칼투	나는 먹었다.
قَرَأْتُ 까라으투	나는 읽었다.	غَدَاءٌ 가다우	점심
وَرَقَةٌ 와라까	서류, 종이	رَجَعْتُ 라자으투	나는 돌아갔다.
كَتَبْتُ 카타브투	나는 섰다.	مَسَاءً 마싸안	저녁에

문법 따라잡기

아랍어 동사는 기본적으로 كَتَبَ '쓰다', قَتَلَ '죽이다' 등 대부분 3개의 어근으로 구성되지만, 일부 동사는 حَبَّ '사랑하다', تَرْجَمَ '번역하다' 등처럼 2개의 어근이나 4개의 어근으로 이루어진 동사도 있다.

아랍어 동사의 인칭은 어근에 인칭을 나타내는 표시를 접두(미완료동사) 또는 접미(완료동사)하여 나타내며, 동사의 시간은 동작의 완료를 나타내는 완료 동사와 동작의 진행 또는 미래를 나타내는 미완료 동사로 구분된다.

완료 동사
완료 동사는 동사의 동작이 완료된 것을 의미한다. 아랍어 동사는 완료형을 기본으로 해서 여러 가지 형태로 파생되며 3인칭 남성 단수완료형을 편의상 원형 동사로 한다.

아랍어 동사의 거의 대부분을 차지하는 3자근 동사의 형태 변화는 다음과 같다.

완료 동사의 형태

فَعَلَ형	ذَهَبَ 가다, جَلَسَ 앉다, دَرَسَ 공부하다, فَتَحَ 열다 등
فَعِلَ형	مَرِضَ 병들다, فَرِحَ 기쁘다, سَمِعَ 듣다, شَرِبَ 마시다 등
فَعُلَ형	حَسُنَ 좋다, صَغُرَ 작다, ثَقُلَ 무겁다, كَرُمَ 고상하다 등

중간 어근자의 모음은 /a/(-), /i/(-), /u/(-) 모두 가능하다.

완료 동사의 활용변화

완료동사는 원형 동사(3인칭 남성단수)를 기본으로 하여 인칭과 성수에 따라 아래와 같이 어미 변화한다.

		단수	쌍수	복수
3인칭	남	فَعَلَ	فَعَلَا	فَعَلُوا
	여	فَعَلَتْ	فَعَلَتَا	فَعَلْنَ
2인칭	남	فَعَلْتَ	فَعَلْتُمَا	فَعَلْتُمْ
	여	فَعَلْتِ		فَعَلْتُنَّ
1인칭	공통	فَعَلْتُ		فَعَلْنَا

위의 활용 변화를 동사 جَلَسَ(앉다)에 적용하면 다음과 같다.

		단수	쌍수	복수
3인칭	남	جَلَسَ	جَلَسَا	جَلَسُوا
	여	جَلَسَتْ	جَلَسَتَا	جَلَسْنَ
2인칭	남	جَلَسْتَ	جَلَسْتُمَا	جَلَسْتُمْ
	여	جَلَسْتِ		جَلَسْتُنَّ
1인칭	공통	جَلَسْتُ		جَلَسْنَا

3인칭 여성단수 동사는 뒤에 '함자툴 와쓸'이 오면 아랍어의 음운 규칙상 보조 모음이 필요하여 ـتْ가 ـتِ로 변한다.

그 소녀가 그 소년을 때렸다.	ضَرَبَتِ الْبِنْتُ الْوَلَدَ.

3인칭 남성 복수 동사에 접미 인칭 대명사가 붙으면 동사어미의 알리프(l)가 탈락한다.

| 그들이 그를 때렸다. | ضَرَبُوا + هُ ← ضَرَبُوهُ |

2인칭 남성복수 동사에 접미 인칭 대명사가 붙으면 어미에 و 가 첨가된다.

| 당신들이 그녀를 때렸다. | ضَرَبْتُمْ + هَا ← ضَرَبْتُمُوهَا |

완료동사의 부정은 동사 앞에 مَا 를 쓴다.

| 그는 쓰지 않았다. | مَا كَتَبَ |
| 그들은 앉지 않았다. | مَا جَلَسُوا |

표현 따라하기

당신은 어제 무엇을 했습니까?	مَاذَا فَعَلْتَ أَمْس؟
마셨습니까?	شَرِبْتَ
공부했습니까?	دَرَسْتَ

당신의 이름은 무엇입니까?	مَا اسْمُكَ؟
주소	عُنْوَانُكَ
국적	جِنْسِيَّتُكَ

아랍어로 말하기

해석

A 당신은 당신의 사무실에 갔습니까?
B 예. 나는 거기에 갔습니다.
A 당신은 언제 당신의 사무실에 갔습니까?
B 나는 거기에 아침에 갔습니다.
A 사무실에서 무엇을 했습니까?
B 서류를 읽고 편지를 썼습니다.

أ : هَلْ ذَهَبْتَ إِلَى مَكْتَبِكَ؟
할 다합타 일라 마크타비카?

ب : نَعَمْ. ذَهَبْتُ إِلَيْهِ.
나암. 다합투 일라이히.

أ : مَتَى ذَهَبْتَ إِلَى مَكْتَبِكَ؟
마타 다합타 일라 마크타비카?

ب : ذَهَبْتُ إِلَيْهِ صَبَاحًا
다합투 일라이하 싸바한

أ : مَاذَا فَعَلْتَ فِي الْمَكْتَبِ ؟
마다 파알타 필마크탑?

ب : قَرَأْتُ وَرَقَة وَكَتَبْتُ خِطَابَاتٍ.
까라으투 와라까 와카탑투 키따바트

함께 연습하기

1. 아래를 보기와 같이 변형시키오.

> (هو) ← <u>ذَهَبَ</u> إِلَى الْمَدْرَسَةِ كُلَّ يَوْمٍ.
> (أنا) ← <u>ذَهَبْتُ</u> إِلَى الْمَدْرَسَةِ كُلَّ يَوْمٍ.

① (أَنْتَ) ← _____
② (أَنْتِ) ← _____
③ (هِيَ) ← _____
④ (هُمْ) ← _____
⑤ (أَنْتُنَّ) ← _____

2. 다음을 아랍어로 작문하시오.

1) 나는 낙타를 탔다.

2) 새 자동차들이 도착했다.

3) 그 소녀들은 학교로 돌아갔다.

4) 나의 아버지와 어머니와 누나가 학교에 갔다.

5) 라일라와 파티마는 매일 밤 영화를 보았다.

기억하기

나는 커피를 마셨다.　　　　　شَرِبْتُ قَهْوَةً.
　　　　　　　　　　　　　　샤립투 까흐와.

당신(남성)은 커피를 마셨다.　شَرِبْتَ قَهْوَةً.
　　　　　　　　　　　　　　샤립타 까흐와.

당신(여성)은 커피를 마셨다.　شَرِبْتِ قَهْوَةً.
　　　　　　　　　　　　　　샤립티 까흐와.

그는 커피를 마셨다.　　　　　شَرِبَ قَهْوَةً.
　　　　　　　　　　　　　　샤리바 까흐와.

그녀는 커피를 마셨다.　　　　شَرِبَتْ قَهْوَةً.
　　　　　　　　　　　　　　샤리바트 까흐와.

제12과
يَذْهَبُ إِلَى الْمَدْرَسَةِ بِالْمَشَى

يَقُومُ مُحَمَّدٌ مِنَ السَّرِيرِ فِي السَّاعَةِ السَّادِسَةِ كُلَّ يَوْمٍ.
야꾸무 무함마드 미날 사리르 필사아티 앗사디사 쿨라 야움

وَيَأْكُلُ الْإِفْطَارَ فِي السَّاعَةِ السَّادِسَةِ وَالنِّصْفِ.
와야으쿨루 알이프타르 필 사아티 앗사디사 왓니스프

ثُمَّ يَخْرُجُ مِنَ الْبَيْتِ فِي السَّاعَةِ السَّابِعَةِ.
쑴마 야크루즈 미날 바이트 필사아티 앗사비아

وَيَذْهَبُ إِلَى الْمَدْرَسَةِ بِالْمَشَى.
와야드하부 일랄 마드라사 빌마샤

يَرْجِعُ إِلَى الْبَيْتِ فِي السَّاعَةِ الثَّالِثَةِ وَالنِّصْفِ بَعْدَ الظُّهْرِ.
야르지우 일랄 바이트 핏사아티 앗살리사 왓니스프 바으달 두흐르

해석 무함마드는 매일 침대에서 6시에 일어납니다.
그는 6시 30분에 아침을 먹습니다.
그 후에 7시에 집에서 나갑니다.
그는 학교에 걸어서 갑니다.
오후 3시 30분에 집으로 돌아 옵니다.

단어와 수어 익히기

아랍어	한국어	아랍어	한국어
يَقُومُ 야꾸무	그는 일어나다	ثُمَّ 숨마	그리고 나서
سَرِيرٌ 사리르	침대	يَخْرُجُ 야크루즈	그는 나가다
سَاعَةٌ 사아	시간, 시계	السَّابِعَةُ 앗사비아	일곱번째
السَّادِسَةُ 앗사디사	여섯번째	مَدْرَسَةٌ 마드라사	학교
كُلُّ 쿨루	모든	مَشَى 마샤	도보, 걸음
يَوْمٌ 야움	날, 일	يَرْجِعُ 야르지우	그는 돌아오다
يَأْكُلُ 야으쿨	그는 먹다	الثَّالِثَةُ 앗살리사	세번째
إِفْطَارٌ 이프타르	아침 식사	بَعْدَ 바으다	-후에
نِصْفٌ 니스프	절반	ظُهْرٌ 주흐르	정오

문법 따라 잡기

미완료 동사는 동사의 동작이 진행되고 있는 것을 의미하고 미래 시제를 포함하고 있다.
미완료 동사의 인칭 변화는 어근에 /ن/, /ت/, /ي/, /ا/ 등의 인칭 표지어를 접두하여 인칭을 나타낸다. 미완료 동사의 중간 어근자의(제2어근) 모음은 동사에 따라 다르며, 이는 사전에서 확인할 수 있다.

🔵 미완료 동사의 활용변화
미완료 동사의 인칭과 성수에 따른 형태 변화는 다음과 같다.

		단수			쌍수			복수		
		직설법	접속법	단축법	직설법	접속법	단축법	직설법	접속법	단축법
3인칭	남	يَفْعَلُ	يَفْعَلَ	يَفْعَلْ	يَفْعَلَانِ	يَفْعَلَا	يَفْعَلَا	يَفْعَلُونَ	يَفْعَلُوا	يَفْعَلُوا
	여	تَفْعَلُ	تَفْعَلَ	تَفْعَلْ	تَفْعَلَانِ	تَفْعَلَا	تَفْعَلَا	يَفْعَلْنَ	يَفْعَلْنَ	يَفْعَلْنَ
2인칭	남	تَفْعَلُ	تَفْعَلَ	تَفْعَلْ	تَفْعَلَانِ	تَفْعَلَا	تَفْعَلَا	تَفْعَلُونَ	تَفْعَلُوا	تَفْعَلُوا
	여	تَفْعَلِينَ	تَفْعَلِي	تَفْعَلِي				تَفْعَلْنَ	تَفْعَلْنَ	تَفْعَلْنَ
1인칭	공통	أَفْعَلُ	أَفْعَلَ	أَفْعَلْ				نَفْعَلُ	نَفْعَلَ	نَفْعَلْ

위의 활용 변화를 동사 جَلَسَ(앉다)에 적용하면 다음과 같다.

		단수			쌍수			복수		
		직설법	접속법	단축법	직설법	접속법	단축법	직설법	접속법	단축법
3인칭	남	يَجْلِسُ	يَجْلِسَ	يَجْلِسْ	يَجْلِسَانِ	يَجْلِسَا	يَجْلِسَا	يَجْلِسُونَ	يَجْلِسُوا	يَجْلِسُوا
	여	تَجْلِسُ	تَجْلِسَ	تَجْلِسْ	تَجْلِسَانِ	تَجْلِسَا	تَجْلِسَا	يَجْلِسْنَ	يَجْلِسْنَ	يَجْلِسْنَ
2인칭	남	تَجْلِسُ	تَجْلِسَ	تَجْلِسْ	تَجْلِسَانِ	تَجْلِسَا	تَجْلِسَا	تَجْلِسُونَ	تَجْلِسُوا	تَجْلِسُوا
	여	تَجْلِسِينَ	تَجْلِسِي	تَجْلِسِي				تَجْلِسْنَ	تَجْلِسْنَ	تَجْلِسْنَ
1인칭	공통	أَجْلِسُ	أَجْلِسَ	أَجْلِسْ				نَجْلِسُ	نَجْلِسَ	نَجْلِسْ

미완료 동사의 법 변화는 직설법, 접속법, 단축법의 3가지 형태가 있다. 이중 직설법은 동사의 마지막 모음이 /u/(ـُ) 모음을 가지며, 미완료 동사의 기본형이다.

위의 표에서 알 수 있는 것처럼 3인칭 여성 단수형과 2인칭 남성 단수형의 형태가 같은 것에 유의해야 하며 2인칭 여성 단수형에서는 어미에 /ن/ 가 접미된다. 3인칭과 2인칭 남성 복수형에는 /ون/ 가 접미되고, 2인칭과 3인칭 여성 복수형에는 /ن/ 가 접미되는 형태상의 특징이 있다.

나는 편지를 쓴다.	أَكْتُبُ رِسَالَةً.
파티마는 시장에 가고 있다.	تَذْهَبُ فَاطِمَةُ إِلَى السُّوقِ.
당신들(여성 복수)은 아랍어를 공부하고 있다.	تَدْرُسْنَ اللُّغَةَ العَرَبِيَّةَ.

접속법은 동사의 마지막 모음이 /a/(-) 모음을 가지며, 접속법을 요구하는 단어와 함께 쓰인다. 접속법을 요구하는 단어는 أَنْ، لَنْ، لِ، كَيْ، حَتَّى 등이 있다.

위의 표에서 알 수 있는 것처럼 3인칭 여성 단수형과 2인칭 남성 단수형의 형태가 같은 것에 유의해야 하며 2인칭 여성 단수형에서는 어미에 /ي/ 가 접미된다. 3인칭과 2인칭 남성 복수형에는 /وا/ 가 접미되고, 2인칭과 3인칭 여성 복수형에는 /نَ/ 가 접미되는 형태상의 특징이 있다.

나는 커피를 마시고 싶다.	أُرِيدُ أَنْ أَشْرَبَ قَهْوَةً.
아흐마드는 미국에 가지 않을 것이다.	لَنْ يَذْهَبَ أَحْمَدُ إِلَى أَمْرِيكَا.
라일라는 시험에 합격하기 위해 공부했다.	دَرَسَتْ لَيْلَى حَتَّى تَنْجَحَ فِي الْإِمْتِحَانِ.

단축법은 동사의 마지막 모음이 수쿤(-)을 가지며, 명령형이나 단축법을 요구하는 단어인 لَمْ، هَلّا 등과 함께 쓰인다.

위의 표에서 알 수 있는 것처럼 3인칭 여성 단수형과 2인칭 남성 단수형의 형태가 같은 것에 유의해야 하며 2인칭 여성 단수형에서는 어미에 /ي/ 가 접미된다. 3인칭과 2인칭 남성 복수형에는 /وا/ 가 접미되고, 2인칭과 3인칭 여성 복수형에는 /نَ/ 가 접미되는 형태상의 특징이 있다.

집으로 돌아가라.	اِرْجِعْ إِلَى الْبَيْتِ.
나는 편지를 쓰지 않았다.	لَمْ أَكْتُبْ رِسَالَةً.

표현 따라하기

나는 일요일에 카이로로 돌아간다.
أَرْجِعُ إِلَى الْقَاهِرَةِ فِي يَوْمِ الْأَحَدِ.

월요일 يَوْمُ الْإِثْنَيْنِ
화요일 يَوْمُ الثُّلَاثَاءِ
수요일 يَوْمُ الْأَرْبِعَاءِ
목요일 يَوْمُ الْخَمِيسِ
금요일 يَوْمُ الْجُمْعَةِ
토요일 يَوْمُ السَّبْتِ

나는 아침에 도서관에 간다.
أَذْهَبُ إِلَى الْمَكْتَبَةِ صَبَاحًا.

저녁에 مَسَاءً
정오에 ظُهْرًا
오전에 قَبْلَ الظُّهْرِ
오후에 بَعْدَ الظُّهْرِ

아랍어로 말하기

해석

A 지금 몇 시입니까?
B 9시입니다.
A 지금 몇 시입니까?
B 9시 30분입니다.
A 지금 몇 시입니까?
B 9시 20분입니다.

أ : كَمِ السَّاعَةَ الآنَ؟
카밋 싸아투 엘엔?

ب : السَّاعَةُ التَّاسِعَةُ.
앗사아투 앗타시아.

أ : كَمِ السَّاعَةَ الآنَ؟
카밋 싸아투 엘엔?

ب : السَّاعَةُ التَّاسِعَةُ وَالنِّصْفُ.
앗사아투 앗타시아 왓니스프.

أ : كَمِ السَّاعَةَ الآنَ؟
카밋 싸아투 엘엔?

ب : السَّاعَةُ التَّاسِعَةُ وَالثُّلُثُ.
앗사아투 앗타시아 왓술수.

함께 연습하기

1. 아래를 보기와 같이 변형시키시오.

(هو) ← يَدْرُسُ اللُّغَةَ الْعَرَبِيَّةَ كَثِيرًا.
(أنا) ← أَدْرُسُ اللُّغَةَ الْعَرَبِيَّةَ كَثِيرًا.

   ① (أَنْتَ) ← _____
   ② (أَنْتِ) ← _____
   ③ (هِيَ) ← _____
   ④ (هُمْ) ← _____
   ⑤ (أَنْتُنَّ) ← _____

2. 다음을 아랍어로 작문하시오.

   1) 나는 점심을 먹기 위해 식당에 갔다.

   2) 파티마는 아침을 먹지 않았다.

   3) 나는 공무원이 되고 싶다.

   4) 라일라는 매일 아랍 신문을 읽는다.

   5) 시험에 합격하기 위해서 아랍어를 공부해라.

 기 억 하기

나는 매주 산에 간다.	أَذْهَبُ إِلَى جَبَلٍ كُلَّ أُسْبُوعٍ.
	아드하부 일라 자발 쿨라 우스부이.
당신(남성)은 매주 산에 간다.	تَذْهَبُ إِلَى جَبَلٍ كُلَّ أُسْبُوعٍ.
	타드하부 일라 자발 쿨라 우스부이.
당신(여성)은 매주 산에 간다.	تَذْهَبِينَ إِلَى جَبَلٍ كُلَّ أُسْبُوعٍ.
	타드하비이나 일라 자발 쿨라 우스부이.
그는 매주 산에 간다.	يَذْهَبُ إِلَى جَبَلٍ كُلَّ أُسْبُوعٍ.
	야드하부 일라 자발 쿨라 우스부이.
그녀는 매주 산에 간다.	تَذْهَبُ إِلَى جَبَلٍ كُلَّ أُسْبُوعٍ.
	타드하부 일라 자발 쿨라 우스부이.

제13과

مَاذَا تَدْرُسُ؟

لَيْلَى: مَرْحَبًا.
마르하반.

فَرِيدٌ: مَرْحَبًا.
마르하반.

لَيْلَى: هَلْ أَنْتَ طَالِبٌ جَدِيدٌ؟
할 안타 딸립 자디드?

فَرِيدٌ: نَعَمْ، أَنَا طَالِبٌ جَدِيدٌ.
나암, 아나 딸립 자디드.

لَيْلَى: مَا اسْمُكَ؟
마 스무카?

فَرِيدٌ: اسْمِي فَرِيدٌ.
이스미 파리드.

لَيْلَى: مَاذَا تَدْرُسُ هُنَا يَا فَرِيدُ؟
마다 타드루수 후나 야 파리드?

فَرِيدٌ: أَدْرُسُ اللُّغَةَ الْعَرَبِيَّةَ وَمَاذَا تَدْرُسِينَ؟
아드루수 알루가탈 아라비야 와마다 타드루시나?

لَيْلَى: أَدْرُسُ اللُّغَةَ الْكُورِيَّةَ.
아드루수 알루가탈 쿠리야.

해석

라일라 : 어서 오세요.
파리드 : 어서 오세요.
라일라 : 당신은 신입생입니까?
파리드 : 네, 나는 신입생입니다.
라일라 : 당신의 이름은 무엇입니까?
파리드 : 나의 이름은 파리드입니다.
라일라 : 파리드, 당신은 여기서 무엇을 공부합니까?
파리드 : 나는 아랍어를 공부합니다. 당신은 무엇을 공부합니까?
라일라 : 나는 한국어를 공부합니다.

단어와 숙어 익히기

아랍어	뜻	아랍어	뜻
لَيْلَى 라일라	라일라(여자이름)	يَا 야	야!(호격사)
مَرْحَبًا 마르하반	어서 오세요	فَرِيدٌ 파리드	파리드(남자이름)
طَالِبٌ 딸리분	학생	أَدْرُسُ 아드루수	나는 ~을 공부한다.(미완료형)
جَدِيدٌ 자디둔	새로운	لُغَةٌ 루가	언어
اِسْمُكَ 이스무카	당신의 이름	عَرَبِيَّةٌ 아라비야	아랍의(عَرَبِيّ의 여성형)
اِسْمِي 이스미	나의 이름	اَللُّغَةُ الْعَرَبِيَّةُ 알루가툴 아라비야	아랍어
مَاذَا 마다	무엇?	تَدْرُسِينَ 타드루씨나	당신은 ~을 공부한다.(여성, 미완료형)
تَدْرُسُ 타드루수	당신은 ~을 공부한다(남성, 미완료형)	كُورِيَّةٌ 쿠리야	한국의(كُورِيّ의 여성형)
هُنَا 후나	여기	اَللُّغَةُ الْكُورِيَّةُ 알루가툴 쿠리야	한국어

문법 따라잡기

🔹 무엇?에 해당하는 의문사에는 مَا 와 مَاذَا 가 있다. 일반적으로 مَا 뒤에는 명사가, مَاذَا 뒤에는 동사가 온다.

مَا اسْمُكَ؟   당신의 이름은 무엇입니까?
مَاذَا تَدْرُسُ؟   당신은 무엇을 공부합니까?

🔹 상대방을 부를 때는 호격사 يَا 를 이름 앞에 놓아야 한다. 호격사 뒤에 오는 명사는 탄윈없이 발음하는 것에 주의해야 한다.

يَا فَرِيدُ!   파리드야!

🔹 미완료동사의 형태변화는 다음과 같다.

인칭	성	형태
1인칭	공통	أَدْرُسُ
2인칭	남성	تَدْرُسُ
	여성	تَدْرُسِينَ
3인칭	남성	يَدْرُسُ
	여성	تَدْرُسُ

🔹 동사의 목적어는 항상 목적격을 취한다.

أَدْرُسُ اللُّغَةَ الْعَرَبِيَّةَ.   나는 아랍어를 공부합니다.

🔹 미완료동사의 부정은 동사 앞에 لَا 를 붙여 만든다.

나는 한국어를 공부하지 않습니다. لَا أَدْرُسُ اللُّغَةَ الْكُورِيَّةَ.

표현 따라하기

나는 아랍어를 공부합니다.	أَدْرُسُ اللُّغَةَ العَرَبِيَّةَ.	무함마드야!	يا مُحَمَّدُ
한국어	اللُّغَةَ الكُورِيَّة	아흐마드	أَحْمَدُ
영어	اللُّغَةَ الأَنْجِلِيزِيَّة	라일라	لَيْلَى
일본어	اللُّغَةَ اليَابَانِيَّة	무나	مُونَى
중국어	اللُّغَةَ الصِّينِيَّة		

아랍어로 말하기

해석

A 당신은 무엇을 공부합니까?
B 나는 아랍어를 공부합니다.
A 당신 형의 이름은 무엇입니까?
B 그는 무사입니다.
A 그도 아랍어를 공부하나요?
B 아니오. 그는 한국어를 공부합니다.

أ: مَاذَا تَدْرُسُ؟
마다 타드루스?

ب : أَدْرُسُ اللُّغَةَ العَرَبِيَّةَ.
아드루스 루가탈 아라비야.

أ : مَا اسْمُ أَخِيكَ؟
마스무 아키이카?

ب : هُوَ مُوسَى.
후아 무사.

أ : هَلْ يَدْرُسُ اللُّغَةَ العَرَبِيَّةَ أَيْضًا؟
할 야드루스 루가탈 아라비야 아이단

ب : لَا. يَدْرُسُ اللُّغَةَ الكُورِيَّةَ.
라. 야드루스 루가탈 쿠리야.

함께 연습하기

1. 질문에 알맞은 답을 고르시오.

1. هَلْ تَدْرُسُ اَللُّغَةَ اَلْعَرَبِيَّةَ؟
① نَعَمْ، أَدْرُسُ اَللُّغَةَ اَلْعَرَبِيَّةَ.
② نَعَمْ، تَدْرُسِينَ اَللُّغَةَ اَلْعَرَبِيَّةَ.
③ لاَ. لَسْتُ أَدْرُسُ اَللُّغَةَ اَلْعَرَبِيَّةَ.
④ لاَ. لَسْتَ تَدْرُسُ اَللُّغَةَ اَلْعَرَبِيَّةَ.

2. هَلْ تَدْرُسِينَ اَللُّغَةَ اَلْكُورِيَّةَ؟
① نَعَمْ، أَدْرُسُ اَللُّغَةَ اَلْكُورِيَّةَ.
② نَعَمْ، تَدْرُسِينَ اَللُّغَةَ اَلْكُورِيَّةَ.
③ لاَ. لَسْتُ أَدْرُسُ اَللُّغَةَ اَلْكُورِيَّةَ.
④ لاَ. لَسْتِ تَدْرُسِينَ اَللُّغَةَ اَلْكُورِيَّةَ.

3. مَاذَا تَدْرُسُ هُنَا؟
① نَعَمْ، أَدْرُسُ اَللُّغَةَ.
② لاَ. أَدْرُسُ اَللُّغَةَ.
③ أَدْرُسُ اَللُّغَةَ.
④ تَدْرُسُ اَللُّغَةَ.

4. مَاذَا تَدْرُسِينَ؟
① نَعَمْ، أَدْرُسُ اَللُّغَةَ.
② لاَ. أَدْرُسُ اَللُّغَةَ.
③ تَدْرُسِينَ اَللُّغَةَ.
④ أَدْرُسُ اَللُّغَةَ.

 기 억 하기

1) 아랍어 문장에서 동사로 시작하는 동사문은 동사+주어+목적어의 어순을 갖는다. 이 경우에 동사는 항상 3인칭 단수형이며, 주어의 성에만 일치한다. 또한 동사문의 목적어는 목적격을 취한다.

2) 아랍어 미완료동사는 동작이 완료되지 않은 현재나 미래시제를 나타내며 인칭, 성, 수에 따라 변화한다.

제14과
لَوْ سَمَحْتَ

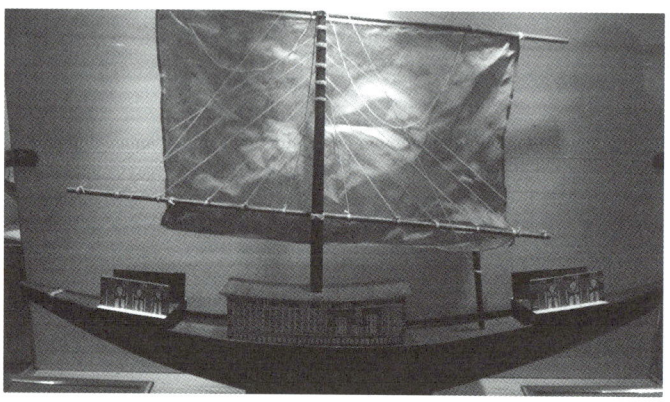

كَمَالٌ : لَوْ سَمَحْتَ، أَيْنَ الْمَتْحَفُ؟
라우 사마흐타. 아이날 마트하프?

سَمِيرٌ : اَلْمَتْحَفُ بَعِيدٌ عَنْ هُنَا.
알마트하프 바이드 안 후나.

كَمَالٌ : هَلْ يُمْكِنُ أَنْ أَذْهَبَ إِلَيْهِ عَلَى الْقَدَمِ؟
할 윰키누 안 아드하바 일라이히 알랄 까담?

سَمِيرٌ : لَا، يُمْكِنُ أَنْ تَذْهَبَ إِلَيْهِ بِالْأُوتُوبِيسِ.
라. 윰키누 안 타드하바 일라이히 빌우투비스.

كَمَالٌ : أَيْنَ مَحَطَّةُ الْأُوتُوبِيسِ؟
아이나 마핫따툴 우투비스?

سَمِيرٌ : امْشِ إِلَى الْأَمَامِ قَلِيلًا. الْمَحَطَّةُ أَمَامَ الْجَامِعَةِ.
임쉬 일랄 아마미 깔릴란. 알마핫따투 아마말 자미아.

كَمَالٌ : شُكْرًا.
슈크란.

سَمِيرٌ : عَفْوًا.
아프완.

해석

카 밀 : 실례합니다만 박물관이 어디에 있습니까?
사미르 : 박물관은 여기서 멀리 있습니다.
카 밀 : 걸어서 박물관에 갈 수 있을까요?
사미르 : 아닙니다. 버스로 그 곳에 갈 수 있습니다.
카 밀 : 버스정거장이 어디지요?
사미르 : 곧장 조금만 걸으세요. 정거장은 대학교 앞에 있습니다.
카 밀 : 고맙습니다.
사미르 : 천만에요.

단어와 숙어 익히기

مَتْحَفٌ 마트하프	박물관	اِمْشْ 임쉬	걸어라, 가라(명령형)
لَوْ سَمَحْتَ 라우 사마흐타	실례합니다.	إِلَى اَلْأَمَامِ 일랄 아마미	앞으로, 곧장
بَعِيدٌ عَنْ ~ 바이드 안	(~에서) 멀다	قَلِيلاً 깔릴란	조금
يُمْكِنُ أَنْ 윰키누 안	~이 가능하다	أَمَامَ 아마마	~앞에(전치사)
أَذْهَبُ 아드하부	나는 간다(미완료형)	جَامِعَةٌ 자미아	대학교
عَلَى الْقَدَمِ 알랄 까담	걸어서	شُكْرًا 슈크란	고맙습니다.
أُوتُوبِيس 우투비스	버스	عَفْوًا 아프완	천만에요, 괜찮습니다.
مَحَطَّةٌ 마핫따	정거장, 역		

문법 따라잡기

◯ لَوْ سَمَحْتَ (실례합니다)는 상대방의 허락을 구하는 표현으로 여성형은 لَوْ سَمَحْتِ (라우 사마흐티)이다.

◯ 형용사 بَعِيدٌ 는 전치사 عَنْ 과 더불어 사용되어 '~에서 멀다' 라는 의미를 갖는다.

◯ أَنْ 뒤에는 미완료 접속법이 온다. يُمْكِنُ أَنْ 은 '~이 가능하다' 라는 의미이다.

◯ أُوتُوبِيس (버스)는 외래어에서 온 낱말로 어말에 격모음이 표시되지 않는다. مَحَطَّةُ الأُوتُوبِيس (버스 정거장)는 두 개의 명사(A와 B)로 구성된 연결형이다.(B의 A)

◯ 명령형 إمْشِ 의 여성형은 إمْشِي 이다.

표현 따라하기

شُكْرًا.	감사합니다.	هَلْ يُمْكِنُ أَنْ نَقْرَأَ اللُّغَةَ العَرَبِيَّةَ؟	당신은 아랍어를 읽을 수 있습니까?
شُكْرًا جِدًّا.	대단히 고맙습니다.	تَكْتُبُ اللُّغَةَ العَرَبِيَّةَ؟	아랍어를 쓸 수 있습니까
شُكْرًا كَثِيرًا.	많이 고맙습니다.	تَحْضُرُ إِلَى المُؤْتَمَرِ؟	회의에 참석할 수 있습니까?
شُكْرًا جَزِيلاً.	대단히 고맙습니다.	تَذْهَبُ إِلَى مِصْرَ؟	이집트에 갈 수 있습니까?

아랍어로 말하기

أ : أَيْنَ تَسْكُنُ؟
아이나 타스쿠누?

ب : أَسْكُنُ فِي سِيُول.
아스쿠누 피 씨울

أ : هَلْ أُسْرَتُكَ فِي سِيُول أَيْضًا؟
할우스라투카 피 씨울 아이단?

해석

A 당신은 어디에 사십니까?
B 나는 서울에 삽니다.
A 당신의 가족도 서울에 삽니까?
B 아니오. 나의 가족은 부산에 삽니다.
A 당신은 아랍어를 읽을 수 있습니까?
B 예, 읽을 수 있습니다.
A 당신은 아랍어를 쓸 수 있습니까?
B 예, 쓸 수도 있습니다.

ب : لا. أُسْرَتِي فِي بُوسَان.
라. 우스라티 피 부산

أ: هَلْ يُمْكِنُ أَنْ تَقْرَأَ اللُّغَةَ الْعَرَبِيَّةَ؟
할 윰키누 안 타끄라아 루가탈 아라비야?

ب : نَعَمْ، أَقْرَأُهَا
나암, 아끄라우하

أ: هَلْ يُمْكِنُ أَنْ تَكْتُبَ اللُّغَةَ الْعَرَبِيَّةَ؟
할 윰키누 안 타크툽 루가탈 아라비야?

ب : نَعَمْ، أَكْتُبُهَا أَيْضًا.
나암, 아크툽 아이단.

85

함께 연습하기

보기에서 알맞은 낱말이나 표현을 골라 빈 칸에 넣으시오

أَمَامَ، مَحَطَّةُ، بَعِيدٌ، يُمْكِنُ، إِلَى، لَوْ سَمَحْتَ

① اَلْمَتْحَفُ ( ) عَنْ هُنَا.
② ( )، أَيْنَ اَلْمَتْحَفُ؟
③ هَلْ ( ) أَنْ تَذْهَبَ إِلَى اَلْمَتْحَفِ بِالْأُوتُوبِيس؟
④ اَلْمَتْحَفُ ( ) اَلْجَامِعَة.
⑤ أَيْنَ ( ) الْأُوتُوبِيس؟
⑥ اِمْشْ ( ) الْأَمَامَ قَلِيلاً.

다음을 아랍어로 작문하시오.

1) 나의 집은 학교에서 멀다.

2) 실례합니다.

3) 나는 비행기로 서울에 간다.

4) 대단히 감사합니다.

5) 천만에요.

 기억하기

1) لَوْ سَمَحْتَ 는 아랍어에서 허락을 구하는 표현이다.

2) أَنْ 뒤에는 접속법 동사가 온다.

3) 명사나 형용사가 비한정 목적격이 되면 명사나 형용사의 부사적 의미로 쓰인다.

4) 전치사 목적어가 되는 명사의 어말모음은 소유격을 취한다.

이슬람 용어의 올바른 사용

우리는 일반적으로 이슬람교의 신이 '알라신'인 것으로 알고 있다.
그러나 알라는 아랍어로 유일신 하나님을 의미한다.
이슬람을 크게 폄하시키고 있는 표현중의 하나가 바로 이슬람은 알라신을 믿는 종교라는 것인데 이슬람은 유일신인 알라를 믿는 종교이지 알라라는 특정 신을 믿는 것은 아니기 때문에 따라서 알라신이라는 표현은 잘못되었으며 알라가 올바른 표현이다.
영어 사용권에서 사용되는 마호멧교, 모하멧교 또는 극동지역에서의 회교라는 칭호 역시 부적합하다. 예수교와 그리스도교에서는 예수 그리스도를 하나님으로 믿고 있고, 부처도 그들의 추종자들에 의해 신과 같이 여겨지고 있기 때문에 예수교 또는 그리스도교라는 명칭은 타당하다. 그러나 무슬림들에게 예언자인 무함마드는 완벽한 인간이기는 하나 신성을 갖춘, 즉 신과 같이 못하며, 이슬람은 어디까지나 인간인 무함마드가 아닌 절대신 알라 또는 알라의 구원을 믿는 종교이기 때문에 마호멧교 등은 적당한 표현이 아니다.
또한 중국의 서부지역에서 사는 회족 또는 회회족이 믿는 종교라고 하며 붙여진 회교라는 이름도 당연히 옳지 않다. 이슬람은 특정 부족이나 인종의 종교가 아닌 보편성을 가진 종교이기 때문이다.
종교의 이름을 그리스도교나 불교처럼 그 창시자의 이름을 따서 부르거나 힌두교와 유대교처럼 지역이나 호칭에서 유래되고 있으나 이슬람은 종교의 창시자는 물론 지역과도 연결되지 않는 종교이다.
반 이슬람 또는 비 이슬람 용어의 사용은 특정 종교에 대한 오해와 편견에서 비롯되는 것이다.

제15과
أُرِيدُ اَنْ أَتَعَلَّمَ اللُّغَةَ الْعَرَبِيَّةَ

أُرِيدُ اَنْ أَتَعَلَّمَ اللُّغَةَ الْعَرَبِيَّةَ.
우리두 안 아타알라마 루가탈 아라비야.

لِذَلِكَ سَوْفَ أُسَافِرُ إِلَى مِصْرَ فِي السَّنَةِ الْقَادِمَةِ.
리델리카 사우파 우사피르 일라 미쓰르 핏 사나 까디마.

وَسَوْفَ أَدْرُسُهَا فِي مَرْكَزِ اللُّغَاتِ.
와 사우파 아드루수하 피 마르카질 루가트.

أَتَمَنَّى أَنْ أُقَابِلَ الْأَصْدِقَاءَ الْأَجَانِبَ.
아타만나 안 우까빌라 알아스디까알 아자니비.

해석 나는 아랍어를 배우고 싶다
그래서 내년에 이집트로 갈 것이다.
나는 언어 교육원에서 아랍어를 공부할 것이다.
나는 외국 친구들을 만나기를 원한다.

단어와 숙어 익히기

أُرِيدُ 우리두	나는 원한다	سَنَةٌ 사나	해, 년
أَنْ 안	(종속 접속사) – 하는 것	قَادِمَةٌ 까디마	다음
أَتَعَلَّمُ 아타알람	나는 배운다(접속법)	مَرْكَزٌ 마르카즈	센터
لُغَةٌ 루가	언어	أَتَمَنَّى 아타만나	나는 원하다
عَرَبِيَّةٌ 아라비야	아랍어	أُقَابِلُ 우까빌루	나는 만나다
لِذَلِكَ 리델리카	그래서, 따라서	أَصْدِقَاءُ 아스디까우	친구(صَدِيقٌ)의 복수형
سَوْفَ 싸우파	(미래사) – 할 것이다.	أَجَانِبُ 아자니비	외국(أَجْنَبِيٌّ)의 복수형
مِصْرُ 미쓰르	이집트		

문법 따라잡기

파생형 동사

파생형 동사는 원형 동사에 하나, 둘 또는 세 개의 자음을 부가하여 형태를 변화시킨 동사를 말한다. 원형 동사로부터 파생된 파생 동사는 십여 개가 있으나 그 중에서도 2형~10형까지가 많이 쓰이며, 각각의 파생형 동사는 원형 동사에서 파생된 의미를 갖는다.

2형~4형 동사의 완료와 미완료 형태

2형동사의 완료형은 원형 동사의 중간 자음을 반복한 형태이고, 3형동사의 완료형은 원형 동사의 첫 번째와 두 번째 어근 사이에 알리프(ا)를 첨가한 형태. 4형동사의 완료형은 원형 동사에 알리프(l)를 접두한 형태다. 미완료 활용형의 주어 표지 모음은 /u/(ُ)이고 중간 모음은 /i/(ِ)다.

어형	완료형	예	미완료형	예	의미
2형동사	فَعَّلَ	دَرَّسَ	يُفَعِّلُ	يُدَرِّسُ	원형의 강조, 사역
3형동사	فَاعَلَ	سَاعَدَ	يُفَاعِلُ	يُسَاعِدُ	타동사화
4형동사	أَفْعَلَ	أَرْسَلَ	يُفْعِلُ	يُرْسِلُ	사역, 타동사화

② 5형, 6형 동사의 완료 및 미완료 형태

5형동사는 2형 동사에 /تَ/를 접두하고, 6형동사는 3형 동사에 /تَ/를 접두한 형태다. 미완료 형태의 주어 표지 모음은 /a/(َ), 중간 모음은 /a/(َ) 이다.

어형	완료형	예	미완료형	예	의미
5형동사	تَفَعَّلَ	تَعَلَّمَ	يَتَفَعَّلُ	يَتَعَلَّمُ	2형 동사의 재귀
6형동사	تَفَاعَلَ	تَعَاوَنَ	يَتَفَاعَلُ	يَتَعَاوَنُ	3형 동사의 재귀

③ 7형~10형 동사의 완료 및 미완료 형태

7형은 2개의 자음(إِنْ)을 원형 동사에 접두하고, 8형 동사는 /ا/를 접두하고, /ت/를 접간한다. 9형 동사는 /ا/를 접두하고, 마지막 어근자를 중복하며, 10형 동사는 /اسْتَ/를 원형 동사에 접두한다. 미완료 형태는 7형~10형 동사의 주어 표지 모음은 /a/(َ), 중간 모음은 /i/(ِ)다. 그러나 9형 동사의 중간 모음은 /a/(َ) 이다.

어형	완료형	예	미완료형	예	의미
7형동사	اِنْفَعَلَ	اِنْصَرَفَ	يَنْفَعِلُ	يَنْصَرِفُ	재귀, 수동
8형동사	اِفْتَعَلَ	اِجْتَمَعَ	يَفْتَعِلُ	يَجْتَمِعُ	재귀
9형동사	اِفْعَلَّ	اِحْمَرَّ	يَفْعَلُّ	يَحْمَرُّ	색깔, 신체 불구
10형동사	اِسْتَفْعَلَ	اِسْتَقْبَلَ	يَسْتَفْعِلُ	يَسْتَقْبِلُ	사역, 재귀

표현 따라하기

오늘 날씨가 어떻습니까?	أ : كَيْفَ حَالُ الطَّقْسِ اليَوْمَ؟	박물관은 여기서 멉니다	المَتْحَفُ بَعِيدٌ عَنْ هُنَا.
날씨는 덥습니다	ب : الطَّقْسُ حَارٌّ.	가깝습니다	قَرِيبٌ مِنْ
쾌적합니다	مُعْتَدِلٌ		
춥습니다	بَارِدٌ		
흐립니다	غَائِمٌ		

아랍어로 말하기

해석

A 한국의 봄 날씨는 어떻습니까?
B 한국의 봄 날씨는 따뜻합니다.
A 한국의 여름 날씨는 어떻습니까?
B 한국의 여름 날씨는 덥습니다.
A 한국의 가을 날씨는 어떻습니까?
B 한국의 가을 날씨는 아름답습니다.
A 한국의 겨울 날씨는 어떻습니까?
B 한국의 겨울 날씨는 춥습니다.

أ : كَيْفَ الجَوُّ في الرَّبِيعِ في كُورِيَا؟
케이팔 자우 필 라비으 피 쿠리야?

ب : الجَوُّ فِيهَا لَطِيفٌ.
알자우 피하 라띠푼.

أ : كَيْفَ الجَوُّ في الصَّيْفِ في كُورِيَا؟
케이팔 자우 필 싸이프 피 쿠리야?

ب : الجَوُّ فِيهَا حَارٌّ.
알자우 피하 할.

أ : كَيْفَ الجَوُّ في الخَرِيفِ في كُورِيَا؟
케이팔 자우 필 카리프 피 쿠리야?

ب : الجَوُّ فِيهَا جَمِيلٌ.
알자우 피하 자밀룬.

أ : كَيْفَ الجَوُّ في الشِّتَاءِ في كُورِيَا؟
케이팔 자우 필 쉬타이 피 쿠리야?

ب : الجَوُّ فِيهَا بَارِد.
알자우 피하 바리드.

함께 연습하기

1. 보기처럼 주어진 동사를 ( )안의 동사 형태로 바꾸시오.

<보기>

دَرَّسَ	←	دَرَسَ(2형)

	←	سَفَرَ(3형)	①
	←	عَلَمَ(5형)	②
	←	صَرَفَ(7형)	③
	←	قَبَلَ(10형)	④

2. 다음을 아랍어로 작문하시오

　1) 나는 학교에서 아랍어를 공부한다.

　2) 나는 학교에서 역사를 가르친다.

　3) 파티마는 1시간 후에 집으로 갈 것이다.

　4) 파티마는 1시간 후에 집으로 가지 않을 것이다.

하기

나는 아랍어를 공부한다.	أَدْرُسُ اللُّغَةَ الْعَرَبِيَّةَ.
	아드루수 알루가탈 아라비야.
나는 아랍어를 가르친다.	أُدَرِّسُ اللُّغَةَ الْعَرَبِيَّةَ.
	우다리스 알루가탈 아라비야.
나는 커피를 마실 것이다.	سَأَشْرَبُ قَهْوَةً.
	싸아스랍 까흐와.
나는 커피를 마시지 않을 것이다.	لَنْ أَشْرَبَ قَهْوَةً.
	란아스랍 까흐와.

제16과
هَلْ عِنْدَكَ قَمِيصٌ؟

اَلْبَائِعَةُ : أَهْلاً وَسَهْلاً. أَيُّ خِدْمَةٍ؟

아흘란 와싸흘란. 아이유 키드마?

عَلِيٌّ : هَلْ عِنْدَكَ قَمِيصٌ مُنَاسِبٌ لِي؟

할 인다카 까미스 무나씹 리?

اَلْبَائِعَةُ : نَعَمْ، لَحْظَةً مِنْ فَضْلِكَ.

나암, 라흐자 민 파들릭.

عَلِيٌّ : أُرِيدُ أَنْ اَشْتَرِيَ هَذَا الْقَمِيصَ. بِكَمْ هَذَا؟

우리두 안 아쉬타리야 하달 까미스. 비캄 하다?

اَلْبَائِعَةُ: بِخَمْسَةِ دَنَانِيرَ.

비캄사 다나니르.

عَلِيٌّ : اَلسِّعْرُ غَالٍ جِدًّا.

앗시으루 갈리 짇단.

اَلْبَائِعَةُ : لَا، اَلسِّعْرُ مَعْقُولٌ.

라, 앗시으루 마으꿀.

عَلِيٌّ : حَسَنًا، أَعْطِنِي مِنْ فَضْلِكَ.

하싸난, 아으띠니 민 파들리카.

해석

판매원 : 어서 오세요, 무엇을 도와 드릴까요?
일리 : 나에게 어울리는 셔츠 있습니까?
판매원 : 네, 잠깐만 기다리세요.
일리 : 이 셔츠를 사고 싶은데요. 이것은 얼마입니까?
판매원 : 5 디나르입니다.
일리 : 가격이 매우 비싼데요.
판매원 : 아닙니다. 가격은 적당해요.
일리 : 좋습니다. 나에게 주세요.

단어와 숙어 익히기

بَائِعَةٌ 바이아	판매원, 상인(여성형)	~ أُرِيدُ أَنْ 우리두 안	나는 ~하길 원한다. (미완료형)
أَهْلاً وَسَهْلاً 아흘란 와싸흘란	어서오세요, 반갑습니다.	أَشْتَرِيَ 아쉬타리야	나는 ~을 산다. (미완료접속법)
أَيّ 아이	어느, 어떤	بِكَمْ 비캄	얼마입니까?
خِدْمَةٌ 키드마	봉사, 서비스	خَمْسَة 캄사	5, 다섯
أَيُّ خِدْمَةٍ ؟ 아이유 키드마?	무엇을 도와드릴까요?	دَنَانِيرُ 다나니르	화폐단위, دِينَار(디나르) 의 복수형
عِنْدَكَ 인다카	당신(남성)은 ~을 가지고 있다.	سِعْرٌ 씨으르	가격, 값
قَمِيصٌ 까미스	셔츠	غَالٍ 갈리	비싼
مُنَاسِبٌ لِ ~ 무나씨분 리	~에 어울리는, 적당한	جِدًّا 짇단	매우, 대단히
لَحْظَةً 라흐좌	잠시만요	مَعْقُولٌ 마으꿀룬	적당한
مِنْ فَضْلِكَ 민 파들릭	~해 주세요	حَسَنًا 하싸난	좋다.

أُرِيدُ	나는 ~을 원한다.	أَعْطِنِي	나에게 주세요.(명령형)
우리두	(미완료형)	아으띠니	

문법 따라잡기

① 소유의 의미를 나타내기 위해 전치사 عِنْدَ 는 접미 대명사와 연결된다.
   عِنْدَكَ = كَ + عِنْدَ 당신에게 있다.
   عِنْدِي = ي + عِنْدَ 나에게 있다.

② 형용사 مُنَاسِب 는 전치사 لِ 와 연결되어 '~에게 어울린다'의 의미를 갖는다.

③ 1인칭 미완료동사 أُرِيدُ 는 أَنْ 과 함께 쓰여 소망과 의지를 나타낸다. 이 때 미완료 접속사 동사가 온다.
   أُرِيدُ أَنْ اَشْتَرِيَ هَذَا القَمِيصَ . 나는 이 옷을 사고 싶습니다.

④ بِكَمْ (얼마입니까?)은 전치사 بِ 와 의문사 كَمْ 이 함께 모여 물건 값을 묻는데 쓰인다.

⑤ أَعْطِنِي (나에게 주십시오)라는 명령형 표현은 명령형 동사 أَعْطِ 와 1인칭 접미대명사 نِي 로 구성된 것이다. 명령형의 공손한 표현을 위해 مِنْ فَضْلِكَ 를 함께 쓴다.

⑥ 5 ~ 10까지의 수사를 표현할 때 뒤에 나오는 명사는 비한정 복수 소유격이다.
   그러나 외래어 دَنَانِير 와 같은 쌍격명사의 소유격은 파타하 발음으로 발음된다.

⑦ أَيّ 이라는 의문사 뒤에는 비한정 소유격 명사가 온다.
   أَيُّ خِدْمَةٍ ؟ 무엇을 도와드릴까요?

⑧ يريد 미완료 동사의 변화

인칭	성	형태
1인칭	공통	أُرِيدُ
2인칭	남성	تُرِيدُ
	여성	تُرِيدِينَ

3인칭	남성	يُرِيدُ
	여성	تُرِيدُ

표현 따라하기

나는 물을 마시고 싶습니다.	أُرِيدُ أَنْ أَشْرَبَ مَاءً.
음식을 먹고 싶습니다.	آكُلَ طَعَامًا
영화를 보고 싶습니다.	أُشَاهِدَ فِيلْمًا
무함마드를 만나고 싶습니다.	أُقَابِلَ مُحَمَّدًا

큰 셔츠를 주세요.	أَعْطِنِي قَمِيصًا كَثِيرًا.
작은 구두	حِذَاءً صَغِيرًا
뜨거운 물	مَاءً سُخْنًا
맛있는 음식	طَعَامًا لَذِيذًا
새 연필	قَلَمًا جَدِيدًا

아랍어로 말하기

해석

A 무엇을 원하세요?
B 나는 가방을 사고 싶습니다.
A 이 가방이 당신에게 어울립니다.
B 다른 색깔은 없나요? 나는 검은 색깔은 좋아하지 않습니다.
A 이 흰색 가방은 어떻습니까?
B 좋습니다. 얼마입니까?
A 5디나르입니다.
B 좋습니다. 주세요.

أ : مَاذَا تُرِيدُ؟
마다 투리두?

ب : أُرِيدُ أَنْ أَشْتَرِيَ حَقِيبَةً.
우리두 안 아쓰타리 하끼이바.

أ : هَذِهِ الحَقِيبَةُ مُنَاسِبٌ لَكَ.
하디힐 하끼이바 무나씹 라카.

ب : هَلْ عِنْدَكَ لَوْنٌ آخَرُ. لَا أُحِبُّ لَوْنَ أَسْوَدَ.
할 인다카 라운 아카르? 라 우힙부 라운 아쓰와드.

أ : كَيْفَ هَذِهِ الحَقِيبَةُ البَيْضَاءُ؟
케이파 하디힐 하끼이바툴 바이다?

ب : حَسَنًا. بِكَمْ هَذِهِ؟
하싸난. 비캄 하디히?

أ : خَمْسَةُ دَنَانِيرَ.
캄싸타 다나니이라.

ب : حَسَنًا. أَعْطِنِي مِنْ فَضْلِكَ.
하싸난. 아으띠니 민 파들리카.

함께 연습하기

1. 보기에서 알맞은 낱말이나 표현을 고르시오

<보기>

مِنْ فَضْلِكَ، عِنْدَكَ، أَهْلاً وَسَهْلاً ، مَعْقُولٌ، بِكَمْ

① اَلسِّعْرُ _____.

② اَعْطِنِي _____.

③ _____ اَيُّ خِدْمَةٍ؟

④ _____ هَذَا؟

⑤ هَلْ _____ قَمِيصٌ جَمِيلٌ؟

2. 다음을 아랍어로 작문하시오

1) 무엇을 도와드릴까요?

2) 가격이 비쌉니다.

3) 이것은 얼마입니까?

4) 이 셔츠가 내게 어울립니다.

5) 좋습니다.

 하기

1) 전치사 عِنْدَ 는 접미대명사와 함께 쓰여 소유의 뜻을 나타낸다.
        عِنْدِي --- : 나는 ~을 갖고 있다.
        عِنْدَكَ ---- : 당신은 ~을 갖고 있다.
2) 미완료 접속법 동사는 어말 모음이 바뀌며 일반적으로 أَنْ 뒤에 온다.
3) أُرِيدُ 는 أَنْ 과 같이 쓰여 소망과 의지를 나타낸다.
4) بِكَمْ هَذَا؟ (이것은 얼마입니까?)라는 물음에 대한 대답에서 가격은 전치사 بِ를 사용해 표현한다.
5) 명령형 동사 뒤에 مِنْ فَضْلِكَ 가 오면 공손한 표현이 된다.
        أَعْطِنِي 나에게 주어라
        أَعْطِنِي مِنْ فَضْلِكَ 나에게 주세요
6) مَعْقُولٌ (적당한)은 수동분사 형태의 형용사이다.

제17과
كَمِ اَلسَّاعَةُ اَلآنَ؟

كيم: كَمِ اَلسَّاعَةُ اَلآنَ؟
카밀 싸아투 알아나?

بارك : اَلسَّاعَةُ اَلآنَ اَلرَّابِعَةُ بَعْدَ اَلظُّهْرِ.
앗싸아투 알아나 알라비아 바으달 주흐르.

كيم : فِي أَيِّ سَاعَة تَقُومُ مِنَ اَلنَّوْمِ عَادَةً؟
피 아이 싸아틴 타꾸무 미낫 나움 아다탄?

يارك : أَقُومُ مِنَ اَلنَّوْمِ عَادَةً فِي اَلسَّادِسَةِ وَاَلنِّصْفِ صَبَاحًا.
아꾸무 미낫 나움 아다탄 필싸디싸티 완니스피 사바한.

كيم : وَفِي أَيِّ سَاعَة تَحْضُرُ إِلَى اَلْجَامِعَةِ؟
와피 아이 싸아 타흐두루 일랄 자미아?

بارك : أَحْضُرُ إِلَيْهَا فِي اَلثَّامِنَةِ وَخَمْسِ دَقَائِقَ.
아흐두루 일라이하 피 앗싸미나 와캄시 다까이끄.

كيم : مَا اَلْيَوْمُ مِنَ اَلأُسْبُوعِ؟
마 알야우무 미날 우스부이?

بارك : اَلْيَوْمُ هُوَ يَوْمُ اَلْجُمْعَةِ.
알야우무 후와 야우물 줌으아.

كيم : مَا اَلْيَوْمُ مِنَ اَلشَّهْرِ؟
아 알야우무 미낫 샤흐르?

بارك : اَلْيَوْمُ هُوَ التَّاسِعُ مِنْ أُكْتُوبِر.

알야우무 후와 앗타시우 민 아크투비르.

해석

김 : 지금 몇 시입니까?
박 : 지금은 오후 4시 입니다.
김 : 보통 몇 시에 잠에서 깨어납니까?
박 : 나는 보통 아침 6시 30분에 잠에서 깨어납니다.
김 : 몇 시에 등교합니까?
박 : 나는 8시 5분에 등교합니다.
김 : 오늘은 무슨 요일 입니까?
박 : 오늘은 금요일 입니다.
김 : 오늘은 며칠 입니까?
박 : 오늘은 10월 9일 입니다.

단어와 숙어 익히기

سَاعَةٌ 싸아	시간, 시각, 시계	صَبَاحًا 사바한	아침에
اَلْآنَ 알아나	지금	تَحْضُرُ 타르두루	당신(남성)은 ~에 참석한다.(미완료형)
بَعْدَ الظُّهْرِ 바으닷 주흐리	오후에	أَحْضُرُ 아흐두루	나는 ~에 참석한다.(미완료형)
فِي أَيِّ سَاعَةٍ 피 아이이 싸아	몇 시에?	دَقَائِقُ 다까이끄	분(دَقِيقَة의 복수형)
تَقُومُ 타꾸무	당신(남성)은 일어난다.(미완료형)	اَلْيَوْم 알야움	오늘
نَوْمٌ 나움	잠	أُسْبُوعٌ 우스부으	주, 7일간
عَدَةٌ 아다탄	보통	يَوْمُ الْجُمْعَةِ 야우물 줌아	금요일

| أَقُومُ 아꾸무 | 나는 일어난다. (미완료형) | شَهْرٌ 샤흐르 | 달, 월 |
| نِصْفٌ 니스프 | 1/2, 절반 | أُكْتُوبِر 아크투비르 | 10월 |

문법 따라잡기

① 1시를 제외한 정시를 표현할 때에는 서수를 사용한다.
    4시   اَلسَّاعَةُ الرَّابِعَةُ
    6시   اَلسَّاعَةُ السَّادِسَةُ

② 15분, 20분, 30분 등은 일반적으로 분수로 표현한다.
    6시 30분   اَلسَّاعَةُ السَّادِسَةُ وَالنِّصْفُ
    6시 20분   اَلسَّاعَةُ السَّادِسَةُ وَالثُّلْثُ
    6시 15분   اَلسَّاعَةُ السَّادِسَةُ وَالرُّبْعُ

③ 기타의 분을 표현할 때는 기수를 사용한다.
    8시 5분   اَلسَّاعَةُ الثَّامِنَةُ وَخَمْسُ دَقَائِقَ
    8시 10분   اَلسَّاعَةُ الثَّامِنَةُ وَعَشْرَ دَقَائِقَ

④ 날짜를 표현할 때에는 서수를 사용한다.
    10월 9일   اَلتَّاسِعُ مِنْ أُكْتُوبِر
    10월 5일   اَلْخَامِسُ مِنْ أُكْتُوبِر

⑤ قَامَ 동사의 미완료형 동사 변화

인칭	성	형태
1인칭	공통	أَقُومُ
2인칭	남성	تَقُومُ
2인칭	여성	تَقُومِينَ
3인칭	남성	يَقُومُ
3인칭	여성	تَقُومُ

표현 따라하기

내 생일은 1월입니다.	مِيلَادِي فِي اليَنَايِر	7월	اليُولِيُو
2월	الفِبْرَايِر	8월	الأَغُسْطُس
3월	المَارِس	9월	السَّبْتَمْبِر
4월	الإبْرِيل	10월	الأَكْتُوبِرُ
5월	المَايُو	11월	النُّوفَمْبِر
6월	اليُونِيُو	12월	الدِّيسَمْبِر

아랍어로 말하기

해석
A 당신의 생일은 언제입니까?
B 내 생일은 1월 1일 입니다.
A 오늘은 무슨 요일입니까?
B 오늘은 일요일 입니다.
A 언제 집으로 돌아갑니까?
B 나는 저녁 6시에 집으로 돌아갑니다.

أ : مَتَى مِيلَادُكَ؟
마타 밀라두카?

ب : مِيلَادِي الأَوَّلُ مِنَ اليَنَايِر.
밀라디 알아왈루 미날 야나이리.

أ : مَا اليَوْمُ مِنَ الأُسْبُوعِ؟
마 알야우무 미날 우스부이?

ب : اليَوْمُ هُوَ يَوْمُ الأَحَدِ.
알야우무 후아 야우물 아하디.

أ : مَتَى تَرْجِعُ إِلَى بَيْتِكَ؟
마타 타르지우 일라 바이티카?

ب : أَرْجِعُ إِلَيْهَا فِي السَّاعَةِ السَّادِسَةِ مَسَاءُ.
아르지우 일라이하 필 싸아티 앗싸디싸 마싸안.

함께 연습하기

올바른 문장을 고르시오

1. 지금은 몇 시입니까?

   ① مَا اَلْيَوْمُ مِنَ اَلْأُسْبُوعِ؟
   ② كَمِ اَلسَّاعَةُ اَلْآنَ؟
   ③ مَا اَلْيَوْمُ مِنَ اَلشَّهْرِ.
   ④ فِي أَيِّ سَاعَةٍ تَقُومُ مِنَ اَلنَّوْمْ؟

2. 오늘은 무슨 요일입니까?

   ① كَمِ اَلسَّاعَةُ اَلْآنَ؟
   ② فِي اَيِّ سَاعَةٍ تَحْضُرُ؟
   ③ مَا اَلْيَوْمُ مِنَ اَلْأُسْبُوعِ؟
   ④ مَا اَلْيَوْمُ مِنَ اَلشَّهْرِ؟

3. 오늘은 며칠입니까?

   ① مَا اَلْيَوْمُ مِنَ اَلشَّهْرِ؟
   ② مَا اَلْيَوْمُ مِنَ اَلْأُسْبُوعِ؟
   ③ فِي أَيِّ سَاعَةٍ؟
   ④ كَمِ اَلسَّاعَةُ اَلْيَوْمَ؟

4. 몇 시에 등교합니까?

   ① كَمِ اَلسَّاعَةُ؟
   ② مَا اَلْيَوْمُ مِنَ اَلشَّهْرِ؟
   ③ مَا اَلْيَوْمُ مِنَ اَلْجَامِعَةِ؟
   ④ فِي أَيِّ سَاعَةٍ تَحْضُرُ إِلَى اَلْجَامِعَةِ؟

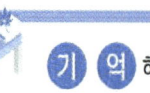 기 억 하기

1) 1시를 제외한 시는 서수로 표현하고 السَّاعَة 는 생략하여 쓰기도 한다.
2) 분은 기수로 표현하고, 분 중에서 15분, 20분, 30분은 일반적으로 분수로 표현한다.
3) 몇 분전의 경우는 إلا 를 사용하여 표현한다.
   إلا خَمسَ دَقَائِق 5분전
4) فِي أَيّ سَاعَة (몇 시에)는 مَتَى (언제)와 함께 시각을 묻는데 사용되는 대표적인 표현이다.
5) 날짜는 서수로 표현하고, 월 앞에는 شَهْر 를 붙여 연결형으로 쓰기도 하며 전치사로는 مِن 을 사용한다.

제18과
مَاذَا تُرِيدُ؟

اَلْمُوَظَّفُ : أَهْلاً وَسَهْلاً، مَاذَا تُرِيدُ؟
아흘란와 싸흘란, 마다 투리두?

مُحَمَّدٌ : مَاذَا عِنْدَكُمُ الْيَوْمَ؟
마다 인다쿠물 야우마?

اَلْمُوَظَّفُ : عِنْدَنَا لَحْمٌ وَدَجَاجٌ وَسَمَكٌ.
인다나 라흐문 와다자준 와싸마쿤.

مُحَمَّدٌ : أُرِيدُ خُبْزاً وَسَمَكًا.
우리두 쿱잔와 싸마칸.

اَلْمُوَظَّفُ : مَاذَا تُرِيدُ أَنْ تَشْرَبَ بَعْدَ اَلْأَكْلِ؟
마다 투리두 안 타쉬라바 바으달 아클리?

مُحَمَّدٌ : أُرِيدُ أَنْ أَشْرَبَ عَصِيرَ اَلْبُرْتُقَالِ.
우리두 안 아쉬라바 아시랄 부르투깔.

اَلْمُوَظَّفُ: هَلْ تُرِيدُ شَيْئاً آخَرَ؟
할 투리두 샤이안 아카르?

مُحَمَّدٌ : نَعَمْ، لَوْ سَمَحْتَ أَنَا بِحَاجَةٍ إِلَى شَوْكَةٍ وَسِكِينٍ وَكَأْسِ مَاءٍ.
나암, 라우 사마흐타 아나 비하자 일라 샤우카 와씨킨 와카으시 마이.

해석

직원 : 어서 오세요, 무엇을 원하십니까?
무함마드 : 오늘 무슨 음식이 있나요?
직원 : 고기와 닭 요리와 생선이 있습니다.
무함마드 : 나는 빵과 생선요리를 원합니다.
직원 : 식후에는 무엇을 마시겠습니까?
무함마드 : 오렌지 주스를 마시고 싶어요.
직원 : 또 다른 것 원하세요?
무함마드 : 네, 실례합니다만 나는 포크와 칼 그리고 물컵이 필요합니다.

단어와 숙어 익히기

아랍어	뜻	아랍어	뜻
مُوَظَّفٌ 무왓좌프	직원	بُرْتُقَالٌ 부르투깔	오렌지
لَحْمٌ 라흠	고기	عَصِيرُ الْبُرْتُقَالِ 아시룰 부르투깔	오렌지주스
دَجَاجٌ 다자즈	닭	شَيْءٌ 샤이	것, 사물
سَمَكٌ 사마크	생선	آخَرُ 아카르	다른
خُبْزٌ 쿱즈	빵	بِحَاجَةٍ إِلَى 비하자틴 일라	~을 필요로 한다.
تَشْرَبُ 타쉬라부	당신(남성)은 ~을 마신다 (미완료형)	شَوْكَةٌ 샤우카	포크
بَعْدَ 바으다	뒤에, 후에	سِكِّينٌ 시킨	칼
أَكْلٌ 아클	음식, 식사	كَأْسٌ 카으스	컵
أَشْرَبُ 아쉬라부	나는 ~을 마신다 (미완료형)	مَاءٌ 마	물
عَصِيرٌ 아시르	주스		

문법 따라잡기

① 소유의 표현을 위해 전치사 عِنْدَ 를 사용한다.
عِنْدَكُمْ 당신들이 갖고 있다.
عِنْدَنَا 우리들이 갖고 있다.

② "나는 ~을 원한다"의 표현은 أُرِيدُ 뒤에 목적어를 갖는다.
أُرِيدُ خُبْزًا وَسَمَكًا 나는 빵과 생선을 원한다.

③ 연결형은 두 개 이상의 명사가 연결되어 소유의 관계를 나타내는 구조이다. 연결형의 첫 번째 명사는 정관사 없이 격변화를 하나 뒤에 오는 명사(대체로 정관사를 취하고 있음)는 항상 소유격을 취한다.
عَصِيرُ البُرْتُقَال 오렌지주스

④ آخَر 는 쌍격 명사로서 이 글에서는 شَيْئَا 과 동격인 목적격을 취한다.
شَيْئَا آخَرَ 다른 것을

⑤ "밥, 쌀"을 의미하는 아랍어 أُرْزْ(우르쯔)는 أَرْزْ (아르쯔)으로 표기하기도 하며 이 낱말에서 영어의 'rice'가 유래되었다고 한다.

⑥ 아랍의 대표적 음식으로는 케밥(الكَبَاب)과 쿠스쿠시(الكُسْكُسِي)가 유명하다.

표현 따라하기

أَعْطِنِي قَائِمَةَ الطَّعَامِ.	메뉴를 주세요
خُبْزًا وَعَصِيرَ بُرْتُقَال وَلَحْمَ بَقَر	빵, 오렌지 주스, 소고기
حِسَابَ الفَاتُورَةِ	계산서
أَيْس كَرِيم	아이스크림

아랍어로 말하기

해석

A 무엇을 먹고 싶으세요?
B 나는 닭고기를 먹겠습니다. 당신은?
A 나도 그렇습니다.
B 무엇을 마시겠습니까?
A 나는 사과 주스와 물을 마시고 싶습니다. 당신은?
B 나도 그렇습니다.

أ : مَاذَا تُحِبُّ أَنْ تَأْكُلَ؟
마다 투힙부 안타으쿨?

ب : أُرِيدُ أَنْ آكُلَ لَحْمَ دَجَاج. وَأَنْتَ؟
우리두 안 아쿨라 라흠 다좌즈. 와안타?

أ : أَنَا أَيْضًا
아나 아이단.

أ : مَاذَا تُحِبُّ أَنْ تَشْرَبَ؟
마다 투힙부 안타스랍?

ب : أُرِيدُ أَنْ أَشْرَبَ عَصِيرَ تُفَاح وَمَاءً. وَأَنْتَ؟
우리두 안 아스랍 아시르 투파흐 와마아. 와안타?

أ : أَنَا أَيْضًا
아나 아이단.

함께 연습하기

<보기>에서 알맞은 낱말이나 표현을 찾아 넣으시오

<보기>

دَجَاجٌ   عِنْدَكُمْ   بَعْدَ اَلْأَكْلِ   شَيْئاً   مَاذَا

① مَاذَا ـــــــ اَلْيَوْمَ ؟
② هَلْ تُرِيدُ ـــــــ آخَرَ؟
③ مَاذَا تُرِيدُ أَنْ تَشْرَبَ ـــــــ ؟
④ عِنْدَنَا لَحْمٌ وَ ـــــــ .
⑤ ـــــــ تُرِيدُ ؟

 기 억 하기

1) 주어가 비한정이고 술어가 전치사구일 때 전치사구와 주어의 위치가 도치된다.
   عِنْدَنَا لَحْمٌ وَدَجَاجٌ وَسَمَكٌ. ----- لَحْمٌ وَدَجَاجٌ وَسَمَكٌ عِنْدَنَا.
2) '나는 ~을 원한다.'의 표현은 동사 أُرِيدُ 의 뒤에 목적어를 가진다. 동사의 목적어는 항상 목적격을 취한다.
   عَصِيرُ الْبُرْتُقَالِ (오렌지주스)은 연결형의 일반적 형태이다.
3) 전치사 뒤에는 소유격으로 발음한다.
   بَعْدَ الْأَكْلِ 바으달 아클리(식사 후에)

아랍의 음식문화

아랍음식은 페르시아와 터키문화의 영향을 받은 일종의 지중해요리라고 볼 수 있다.

밀이 기본적인 곡물이며 우유와 치즈, 버터 그리고 요구르트 제품을 즐겨 먹는다. 육고기 중에는 양고기를 크게 선호하는 편이다.

일반적으로 탕 종류로 만들어 먹는 것보다는 불에 굽거나 튀긴 음식이 많다. 구이음식에서 가장 대표적인 것이 케밥 종류이다.

물이 귀하고 손 사용에 부적합하기 때문에 국물문화는 발달하지 못하였다. 아랍인들에게 쌀도 주 음식이지만 흰 밥보다는 기름에 볶거나 튀기며 다른 재료나 양념과 함께 요리하는 것이 특징이다.

아랍인들은 비교적 양념을 많이 사용하지 않는다. 흔히 쓰이는 양념의 종류는 마늘, 양파, 후추, 소금, 올리브 기름과 레몬이다.

일과를 끝낸 후 가족과 함께 충분한 시간을 두고 식사하는 여유가 있다. 그들의 주식이자 대식은 점심식사이다. 아침은 샌드위치 또는 우유와 커피 등으로 간단히 먹고 점심 전까지 아랍식 차와 커피를 자주 마신다. 저녁은 조금 늦은 시각에 점심보다는 가볍게 먹는 편이다.

아랍인들은 일반적으로 혼합해서 만든 음식을 즐기며 여럿이 함께 먹는 것을 좋아한다.

음식에 인색하지 않고 자연스럽고 평범한 질서 속에서 음식을 나눠 먹는다. 가능한 한 최상의 대접을 손님에게 베푸는 일은 모든 아랍인들에 의해 하나의 절대적인 의무로 받아들여지고 있으며 서로 구별 없는 형제애와 친절에서 비롯된 미덕이자 풍습으로 아랍사회에 자리잡고 있다.

아랍인은 마실 때도 서서 마시는 것을 싫어하고 앉아서 마시며 특히 갈증을 해소하기 위해 물을 한꺼번에 마시지 않고 세 번에 나누어 마신다고 한다. 왜냐하면 위에 부담을 주기 때문이다. 그리하여 오늘날 사무실 등에서 차나 커피를 대접 받을 때도 천천히 마시되, 세 번까지 사양하지 않고 마시는 것은 상대에 대한 호의와 배려이다.

이슬람법에서 금지하는 음식을 택해서는 안 되며 음식을 들 경우 오른손 사용에 유의해야 한다.

제19과
هَلْ يُمْكِنُنِي أَنْ أَرَى اَلْغُرْفَةَ؟

كَمَالٌ : أُرِيدُ غُرْفَةً وَاحِدَةً لِشَخْصٍ وَاحِد. هَلْ عِنْدَكَ غُرْفَةٌ فَارِغَةٌ؟
우리두 구르파 와히다 리샤크신 와히드. 할 인다카 구르파 파리가?

سَمِيرٌ : نَعَمْ، كَمْ يَوْمًا تُرِيدُ أَنْ تُقِيمَ هُنَا؟
나암. 캄 야우만 투리두 안 투낌 후나?

كَمَالٌ : ثَلَاثَةَ أَيَّامٍ. وَكَمْ أُجْرَةُ اَلْغُرْفَةِ؟
쌀라쌀 아이얌. 와캄 우즈라툴 구르파?

سَمِيرٌ : اَلْأُجْرَةُ عَشَرَةُ دُولَارَاتٍ فِي اَلْيَوْمِ وَتَشْمَلُ اَلْفُطُورَ.
알우즈라 아샤라 둘라라트 필 야우미 와타쉬말룰 푸뚜르.

كَمَالٌ : مَاذَا يُوجَدُ فِي اَلْغُرْفَةِ؟
마다 유자두 필 구르파?

سَمِيرٌ : يُوجَدُ فِيهَا حَمَّامٌ، سَرِيرٌ وَتِلْفَازٌ وَهَاتِفٌ وَحَاسُوبٌ وَغَيْرُهَا.
유자투 피하 함맘. 싸리르 와틸파즈 와하팁 와하숩 와가이루하.

كَمَالٌ : هَلْ يُمْكِنُنِي أَنْ أَرَى اَلْغُرْفَةَ؟
할 윰키누니 안 아라 알구르파?

سَمِيرٌ : طَبْعًا، تَفَضَّلْ مِنْ هُنَا. هَلْ تُعْجِبُكَ هَذِهِ اَلْغُرْفَةُ؟
따브안. 타 달 민 후나. 할 투으지부카 하디힐 구르파?

كَمَالٌ : نَعَمْ، تُعْجِبُنِي الْغُرْفَةُ. أُرِيدُ هَذِهِ الْغُرْفَةَ.

나암, 투으지부니 알구르파. 우리두 하디힐 구르파

해석

커 말: 나는 일인용 방 하나를 원합니다. 빈 방이 있습니까?
사미르: 네, 여기에서 며칠 머무르기를 원하십니까?
커 말: 3일이요, 방 값은 얼마입니까?
사미르: 요금은 하루에 10달러이고 아침 식사가 포함됩니다.
커 말: 그 방에는 무엇이 있습니까?
사미르: 그 방에는 욕실, 침대, 텔레비전, 전화, 컴퓨터 등이 있습니다.
커 말: 내가 그 방을 볼 수 있습니까?
사미르: 당연하지요, 이리로 오세요. 이 방이 마음에 듭니까?
커 말: 네, 그 방이 마음에 듭니다. 나는 이 방을 원합니다.

단어와 숙어 익히기

غُرْفَةٌ 구르파	방	فِي الْيَوْمِ 필 야우미	하루에
وَحْدَةٌ 와히다	1, 하나(여성)	تَشْمَلُ 타쉬말루	그것이 ~을 포함한다.
لِ ~ 리	~을 위한(전치사)	فُطُورٌ 푸뚜르	아침 식사
شَخْصٌ 샤크스	사람	يُوجَدُ 유자두	그것은 존재한다.
وَاحِدٌ 와히드	1, 하나(남성형)	حَمَّامٌ 함맘	욕실
فَارِغَةٌ 파리가	빈(여성형)	سَرِيرٌ 싸리르	침대
كَمْ 캄	얼마나? ~몇의	تِلْفَازٌ 틸파즈	텔레비전

تُقِيمُ 투끼무	당신(남성)이 체류한다.	هَاتِفٌ 하티프	전화
ثَلَاثَةٌ 쌀라싸	3, 셋(남성형)	حَاسُوبٌ 하숩	컴퓨터
أَيَّامٌ 아이얌	일, 날(복수형)	غَيْرَ 가이라	~이 아닌
أُجْرَةٌ 우즈라	요금	أَرَى 아라	나는 본다.(미완료형)
عَشَرَةٌ 아샤라	10, 열(남성형)	طَبْعًا 따브안	물론, 당연하게
دُولَارٌ 둘라르	달러	تُعْجِبُكَ 투으지부카	그것이 당신 마음에 듭니까?

문법 따라잡기

① 의문사 كَمْ 뒤에 비한정 단수 목적격이 오면 수에 대해 묻는 것이며 응답이 필요하다.

كَمْ يَوْمًا ؟ 며칠 동안 ?---------?

② هَلْ يُمْكِنُنِي أَنْ أَرَى الْغُرْفَةَ؟ 에서 --- يُمْكِنُنِي أَنْ 은 "내가 ~할 수 있다." 뜻이고 يُمْكِنُ 다음에 오는 인칭 대명사에 따라 يُمْكِنُهُ (그가 할 수 있다), يُمْكِنُكَ (당신이 할 수 있다)등으로 활용될 수 있다.

③ 미완료동사 يُعْجِبُ 는 ~이 마음에 들다 라는 의미를 나타내며 뒤에 접미되는 목적어(접미대명사) 가 의미상의 주어가 된다.

هَلْ تُعْجِبُكَ هَذِهِ الْغُرْفَةُ ؟ 당신은 이 방이 마음에 듭니까?
تُعْجِبُنِي الْغُرْفَةُ. 나는 그 방이 마음에 듭니다.

표현 따라하기

이 구두가 마음에 드세요?	هَلْ يُعْجِبُكَ الْحِذَاءُ؟	나는 1인용 방을 원한다.	أُرِيدُ غُرْفَةً لِشَخْصٍ وَاحِدٍ.
책이	الْكِتَابُ	2인용 방을	لِشَخْصَيْنِ
집이	الْبَيْتُ	3인용 방을	لِثَلَاثَةِ أَشْخَاصٍ
컴퓨터가	الْحَاسُوبُ		

아랍어로 말하기

해석

A 당신에게 아들이 몇입니까?
B 나에게는 아들이 둘 있습니다.
A 당신은 바다에서 수영할 수 있으세요?
B 물론입니다.
A 당신의 가방에 무엇이 있습니까?
B 가방에는 책 3권과 연필 두 자루와 공책 한 권 만 있습니다.

أ : كَمْ وَلَدًا لَكَ؟
캄 왈라단 라카?

ب : لِي وَلَدَيْنِ.
리 왈라다니.

أ : هَلْ يُمْكِنُ أَنْ تَسْبَحَ فِي الْبَحْرِ؟
할 윰키누 안 타스바흐 필바흐리?

ب : طَبْعًا!
따브앤!

أ : مَاذَا يُوجَدُ فِي حَقِيبَتِكَ؟
마다 유자드 피 하끼바티카?

ب : فِيهَا ثَلَاثَةُ كُتُبٍ وَقَلَمَانِ وَدَفْتَرٌ فَقَطْ.
피이하 살라싸 쿠툽 와깔라만 와다프타르 파까트.

함께 연습하기

보기에서 알맞은 낱말이나 표현을 고르시오.

<보기>

اَلْأُجْرَةُ   يَوْمًا   تُعْجِبُنِي   أَنْ   فِي اَلْيَوْمِ

① _____ عَشَرَةُ دُولَارَاتٍ فِي اَلْيَوْمِ.
② كَمْ أُجْرَةُ اَلْغُرْفَةِ _____ ؟
③ كَمْ _____ تُرِيدُ أَنْ تُقِيمَ فِي اَلْفُنْدُقِ؟
④ هَلْ يُمْكِنُنِي _____ أَرَى اَلْغُرْفَةَ؟
⑤ _____ هَذِهِ اَلْغُرْفَةُ.

기억하기

1) " ~을 가지고 있다" 의 표현을 할 때 소유표시 전치사(عِنْدَ)를 사용한다.
2) 전치사의 목적어는 소유격을 취한다.
3) هَلْ تُعْجِبُكَ هَذِهِ الْغُرْفَةُ؟ 는 "이 방이 당신의 마음에 듭니까?"로 번역되며 تُعْجِبُ 는 뒤에 오는 인칭대명사 "كَ(당신)의 마음에 든다"는 의미이다.
4) 의문사 뒤에 비한정 단수 목적격이 오면 (여기서는 كَمْ) 수에 대해 묻는 것이며, 그에 대한 응답이 필요하다.
5) يُوجَدُ 는 وَجَدَ (그가 발견했다.)의 미완료 수동태로서 " ~이 있다 "의 뜻이다.

제20과
مَاذَا سَتَفْعَلُ غَدًا؟

أَحْمَدُ : مَاذَا سَتَفْعَلُ غَدًا؟
마다 싸타프알루 가단?

مُصطَفَى : سَأَذْهَبُ إِلَى شَاطِىءِ الْبَحْرِ.
싸아드하부 일라 샤띠일 바흐리.

أَحْمَدُ : هَلْ سَتَذْهَبُ إِلَيْهِ بِالْأُوتُوبِيسِ؟
할 싸타드하부 일라이히 빌우투비스?

مُصطَفَى : لَا، بِالقِطَارِ.
라, 빌끼따리.

أَحْمَدُ : مَاذَا سَتَفْعَلُ هُنَاكَ؟
마다 싸타프알루 후나카?

مُصطَفَى : سَأَسْبَحُ فِي الْبَحْرِ وَسَأَرْكَبُ الْقَارِبَ مَعَ أَصْدِقَائِي.
싸아스바후 필 바흐리 와싸아르카불 까리바 마아 아스디까이.

أَحْمَدُ : مَتَى سَتَرْجِعُ إِلَى بَيْتِكَ؟
마타 싸타르지우 일라 바이티카?

مُصطَفَى : سَأَرْجِعُ إِلَى بَيْتِي مَسَاءً إِنْ شَاءَ الله.
싸아르지우 일라 바이티 마싸안 인샤알라.

أَحْمَدُ : وَمَاذَا سَتَفْعَلُ فِي الْعُطْلَةِ؟
와마다 싸타프알루 필 우뜰라?

مُصْطَفَى : سَأُشَاهِدُ فِيْلْمًا فِي السِّيْنَمَا.

싸우샤히두 필만 핏 씨나마

해석

아흐마드 : 당신은 내일 무엇을 하시겠습니까?
무스타파 : 나는 해변에 갈 것입니다.
아흐마드 : 그곳에 버스로 갈 것입니까?
무스타파 : 아니오, 기차로 갈 겁니다.
아흐마드 : 그곳에서 무엇을 할 건가요?
무스타파 : 나는 바다에서 수영을 하고 요트를 친구들과 함께 탈 겁니다.
아흐마드 : 집에는 언제 돌아 올 것입니까?
무스타파 : 저녁에 집으로 돌아 올 예정입니다.
아흐마드 : 방학에 무엇을 하시겠습니까?
무스타파 : 영화관에서 영화를 보겠습니다.

단어와 숙어 익히기

تَفْعَلُ 타프알루	당신(남성)은 ~을 한다.(미완료형)	مَتَى 마타	언제?(의문사)
أَذْهَبُ 아드하부	나는 간다.(미완료형)	مَسَاءً 마싸안	저녁에
شَاطِئُ الْبَحْرِ 샤띠울 바흐리	해변	تَرْجِعُ 타르지우	당신(남성)은 돌아온다.(미완료형)
قِطَارٌ 끼따르	기차	بَيْتِي 바이티	나의 집
أَسْبَحُ 아스바후	나는 수영한다.(미완료형)	عُطْلَةٌ 우뜰라	방학, 휴가
بَحْرٌ 바흐르	바다	إِنْ شَاءَ اللهُ 인샤알라	알라가 원하신다면
أَرْكَبُ 아르카부	나는 ~을 탄다.(미완료형)	أُشَاهِدُ 우샤히두	나는 본다(미완료형)

قَارِبٌ	요트, 소형 배	فِيْلْمٌ	필름, 영화
까리브		필므	
مَعَ	~와 함께(전치사)	سِينَمَا	영화관
마아		씨나마	
أَصْدِقَاءُ	친구(صَدِيقٌ)의 복수형		
아스디까			

문법 따라잡기

🔵 아랍어의 미래시제는 미완료형 앞에 /س/를 접두하여 나타낸다.

سَأُشَاهِدُ	나는 –을 볼 것이다.	سَتَذْهَبُ	당신(남 또는 그녀)은 –로 갈 것이다.
سَنَرْجِعُ	우리는 돌아갈 것이다.	سَتَذْهَبِينَ	당신(여)은 –로 갈 것이다.
سَأَرْكَبُ	나는 –을 탈것이다.	سَتَفْعَلُ	당신(남, 또는 그녀)은 –을 할 것이다.
سَيَسْبَحُ	그는 수영할 것이다.	سَأُحِبُّ	나는 사랑할 것이다.

🔵 "~로 (~을 이용해) 가다" 라는 표현에는 전치사 /بِ/를 교통수단과 함께 사용한다.
سَأَذْهَبُ إِلَى بُوسَان بِالْأُوتُوبِيس.   나는 버스로 부산에 갈 것이다.
سَأَذْهَبُ إِلَى بُوسَان بِالْقِطَار.   나는 기차로 부산에 갈 것이다.

🔵 أُوتُوبِيس , فِيلْمٌ , سِينَمَا 는 모두 외래어 고유명사이다. 발음에 유의해야 한다.

🔵 شَاطِئُ الْبَحْرِ (해변)는 연결형으로 발음에 유의해야 한다.

🔵 إِنْ شَاءَ الله (알라가 원하신다면)는 아랍인이 미래의 일에 함께 자주 사용하는 관영어구이다. 종교적 특성을 잘 반영하고 있는 표현이다.

표현 따라하기

나는 버스로 서울에 갑니다	أَذْهَبُ إِلَى سِيوُلْ بِالأُوتُوبِيسِ.	나는 축구를 한다.	أَلْعَبُ كُرَةَ القَدَمِ.
기차로	بِالقِطَارِ	핸드볼	كُرَةَ اليَدِ
자동차로	بِالسَّيَّارَةِ	배구	كُرَةَ الطَّائِرَةِ
택시로	بِالتَّاكْسِي	농구	كُرَةَ السَّلَّةِ

아랍어로 말하기

해석

A 운동 좋아하세요.
B 예 운동을 많이 좋아합니다.
A 어떤 운동을 좋아하세요?
B 축구입니다. 당신은?
A 나는 바다에서 수영하는 것을 좋아합니다.
B 대단하군요!

أ : هَلْ تُحِبُّ رِيَاضَةً؟
할 투힙부 리야다?

ب : نَعَمْ، أُحِبُّ رِيَاضَةً كَثِيرًا
나암. 우히부 리야다 케시이라

أ : أَيَّ رِيَاضَةٍ تُحِبُّ؟
아야 리야다 투힙부?

ب : كُرَةَ القَدَمِ، وَأَنْتَ؟
쿠라탈 까담 와안타?

أ : أُحِبُّ أَنْ أَسْبَحَ فِي البَحْرِ.
우힙부 안 아스바하 필바흐르

ب : عَظِيمًا!
아디이만

함께 연습하기

올바르게 번역된 문장을 고르시오.

1. 나는 해변으로 갈 것이다.

① سَأَذْهَبُ إِلَى شَاطِئِ الْبَحْرِ.
② سَتَذْهَبُ إِلَى شَاطِئِ الْبَحْرِ.
③ سَتَذْهَبِينَ إِلَى شَاطِئِ الْبَحْرِ.
④ سَيَذْهَبُ إِلَى شَاطِئِ الْبَحْرِ.

2. 내일 무엇을 할 것입니까?

① مَتَى سَتَرْجِعُ غَدًا؟
② مَاذَا سَتَفْعَلُ غَدًا؟
③ هَلْ سَتَذْهَبُ غَدًا؟
④ مَاذَا سَتَفْعَلِينَ فِي الْعُطْلَةِ؟

3. 나는 영화를 볼 것이다.

① سَأَذْهَبُ إِلَى شَاطِئِ الْبَحْرِ.
② سَأَسْبَحُ فِي الْبَحْرِ.
③ سَأَرْجِعُ إِلَى بَيْتِس مَسَاءَ.
④ سَأُشَاهِدُ فِيلْمًا.

4. 당신은 언제 당신의 집으로 돌아 올 것입니까?

① مَتَى سَتَرْجِعُ إِلَى بَيْتِي؟
② مَتَى سَتَرْجِعُ إِلَى بَيْتِهِ؟
③ مَتَى سَتَرْجِعُ إِلَى بَيْتِكَ؟
④ مَتَى سَتَرْجِعُ إِلَى بَيْتِهَا؟

하기

1) 외래어와 같은 고유명사의 발음은 각기 다르므로 주의해야 한다.
2) ﹁라는 전치사는 교통편을 나타내는 명사와 같이 사용하여 '~로 가다' 라는 의미로 쓰인다.
3) 전치사 (﹁)뒤에 나오는 명사는 소유격으로 발음된다.

제21과
أَنْتِ أَجْمَلُ مِنْ لَيْلَى

هَذِهِ الْبِنْتُ جَمِيلَةٌ.
헤디힐 빈트 자밀라

تِلْكَ الْبِنْتُ أَجْمَلُ مِنْهَا.
틸칼 빈트 아즈말루 민하

هِيَ أَجْمَلُ الْبَنَاتِ فِي الْجَامِعَةِ.
히야 아즈말룰 바나티 필자미아

هِيَ الْمَرْأَةُ الْجُمْلَى فِي الْعَالَمِ.
히얄 마르아툴 주믈라 필알람

해석 이 소녀는 아름답습니다
저 소녀는 그녀보다 더욱 아름답습니다.
그녀는 대학에서 가장 아름답습니다.
그녀는 세계에서 가장 아름다운 여자입니다.

단어와 숙어 익히기

아랍어	뜻	아랍어	뜻
بِنْتٌ 빈트	딸, 처녀	جَامِعَةٌ 자미아	대학
جَمِيلَةٌ 자밀라	아름다운(여성형)	الْجُمْلَى 알주믈라	가장 아름다운 (جَمِيلَة의 여성 최상급형)
تِلْكَ 틸카	저것(지시대명사)	عَالَمٌ 알람	세상, 세계
أَجْمَلُ 아즈말루	더욱 아름다운(비교급)	الْمَرْأَةُ 알마르아	여자
بَنَاتٌ 바나트	딸, 처녀(بِنْت의 복수형)		

문법 따라잡기

 형용사의 비교급

아랍어의 비교급은 형용사를 أَفْعَل 형으로 전환시켜 만든다.

원급		비교급	
كَبِيرٌ	큰	أَكْبَرُ	더 큰
صَعْبٌ	어려운	أَصْعَبُ	더 어려운
جَاهِلٌ	무지한	أَجْهَبُ	더 무지한
صَبُورٌ	인내심이 강한	أَصْبَرُ	더 인내심이 강한
عَالٍ	높은	أَعْلَى	더 높은
غَنِيٌّ	부유한	أَغْنَى	더 부유한

125

그러나 제2어근과 제3어근이 같은 형용사의 비교급은 أَفَلّ 형을 취한다.

원급		비교급	
قَلِيلٌ	적은	أَقَلُّ	더 적은
شَدِيدٌ	강한	أَشَدُّ	더 강한
جَدِيدٌ	새로운	أَجَدُّ	더 새로운

비교 구문에서 사용되는 '-보다'의 의미로는 전치사 مِنْ 을 쓴다.

그 소년이 그 소녀보다 크다.	الْوَلَدُ أَكْبَرُ مِنَ الْبِنْتِ.
그 두 소년이 그 두 소녀보다 크다.	الْوَلَدَانِ أَكْبَرُ مِنَ الْبِنْتَيْنِ.
그 학교는 그 법정보다 작다.	الْمَدْرَسَةُ أَصْغَرُ مِنَ الْمَحْكَمَةِ.
남자들이 여자들보다 강하다.	الرِّجَالُ أَقْوَى مِنَ النِّسَاءِ.
나의 집이 당신의 집보다 새것이다.	بَيْتِي أَجَدُّ مِنْ بَيْتِكَ.

خَيْرٌ(선, 선한), شَرٌّ(악, 악한)의 두 단어는 형태 변화없이 비교급으로 쓰인다.

네가 그보다 더 좋다.	أَنْتَ خَيْرٌ مِنْهُ.
기도가 잠자는 것보다 좋다.	الصَّلَاةُ خَيْرٌ مِنَ النَّوْمِ.

형용사의 최상급

최상급은 비교급 أَفْعَلُ(남성형), فُعْلَى(여성형) 형태를 한정시켜서 만든다.

1) 비교급 뒤에 비한정 단수 속격명사가 오면 최상급이 되며 이때는 주어의 성, 수에 관계없이 أَفْعَلُ형을 취한다.

그는 그 도시에서 가장 위대한 남자이다.	هُوَ أَكْبَرُ رَجُلٍ فِي الْمَدِينَةِ.
그녀는 학교에서 가장 아름다운 학생이다.	هِيَ أَجْمَلُ طَالِبَةٍ فِي الْمَدْرَسَةِ.

2) 동일한 최상급의 의미로 비교급(أَفْعَلُ형) 뒤에 한정 복수 속격 명사가 오기도 한다.

그는 그 도시에서 가장 위대한 남자이다.	هُوَ أَكْبَرُ الرِّجَالِ فِي الْمَدِينَةِ.
그녀는 학교에서 가장 아름다운 학생이다.	هِيَ أَجْمَلُ الطَّالِبَاتِ فِي الْمَدْرَسَةِ.

3) 비교급 뒤에 복수인칭 접미어가 오면 최상급이 된다.

너의 누이가 그 여자들 중에서 가장 상냥하다.	أُخْتُكَ هِيَ أَلْطَفُهُنَّ.
그녀는 학급에서 그 여자들 중 가장 키 큰 소녀이다.	هِيَ أَطْوَلُهُنَّ فِي الْفَصْلِ.

표현 따라하기

나의 동생은 학교에서 가장 어린 학생이다.	أَخِي أَصْغَرُ الطُّلاَبِ فِي الْمَدْرَسَةِ.	나의 동생은 그 학생보다 더 어리다.	أَخِي أَصْغَرُ مِنَ الطَّالِبِ
가장 큰 학생이다	أَكْبَرُ الطُّلاَبِ	더 크다	أَكْبَرُ مِنَ
가장 착한 학생이다	أَحْسَنُ الطُّلاَبِ	더 착하다	أَحْسَنُ مِنَ
가장 잘생긴 학생이다	أَجْمَلُ الطُّلاَبِ	더 잘 생겼다	أَجْمَلُ مِنَ
가장 뚱뚱한 학생이다	أَسْمَنُ الطُّلاَبِ	더 뚱뚱하다	أَسْمَنُ مِنَ

아랍어로 말하기

해석
A 학급에서 누가 당신보다 키가 큽니까?
B 민수가 나보다 큽니다.
A 누가 마을에서 가장 부자입니까?
B 무함마드가 마을에서 가장 부자입니다.
A 누가 학교에서 가장 아름답습니까?
B 파티마가 우리 학교에서 가장 아름답습니다.

أ : مَنْ أَطْوَلُ مِنْكَ فِي الْفَصْلِ؟
만 아뜨왈 민카 필파슬?

ب : مِين سُو أَطْوَلُ مِنِّي.
민수 아뜨왈 민니.

أ : مَنِ الأَغْنَى فِي الْقَرْيَةِ؟
마닐 아그나 필까르야?

ب : مُحَمَّدٌ هُوَ الأَغْنَى فِي الْقَرْيَةِ.
무하맘드 후아 알아그나 필까르야.

أ : مَنِ الأَجْمَلُ فِي الْمَدْرَسَةِ؟
마닐 알아즈말 필 마드라사?

ب : فَاطِمَةُ هِيَ الْجُمْلَى فِي الْمَدْرَسَةِ.
파띠마 히야 알주믈라 필마드라사.

함께 연습하기

1. 주어진 의미가 되도록 ( )안의 단어를 변화시켜 ___에 넣으시오.
1) 내 차는 당신의 차보다 빠르다.

سَيَّارَتِي ـــــــــ مِنْ سَيَّارَتِكَ.(جَدِيدٌ)

2) 내 차는 도시에서 가장 빠른 차다.

سَيَّارَتِي ـــــــــ سَيَّارَةٍ فِي الْمَدِينَةِ.(سَرِيعٌ)

3) 나의 형은 당신 형보다 크다.

أَخِي ـــــــــ مِنْ أَخِيكَ.(طَوِيلٌ)

4) 그는 학교에서 가장 크다.

هُوَ ـــــــــ فِي الْمَدْرَسَةِ.(طَوِيلٌ)

2. 다음을 아랍어로 옮기시오.

 1) 우리 집은 당신 집보다 크다.

 2) 나의 어머니는 당신 어머니보다 젊다.

 3) 무함마드는 우리 학교에서 가장 잘 생겼다.

 4) 라일라는 우리 집에서 가장 예쁘다.

 기억하기

1) 그는 당신보다 잘 생겼다.   هُوَ أَجْمَلُ مِنْ أَنْتَ.
   후와 아즈말 민 안타.
2) 그는 세계에서 가장 잘 생겼다.   هُوَ اَلْأَجْمَلُ فِي الْعَالَمِ.
   후와 알아즈말 필알람.
3) 그녀는 세계에서 가장 아름다운 여자다.   هِيَ الْمَرْأَةُ الْجُمْلَى فِي الْعَالَمِ.
   히야 알마르아툴 주믈라 필알람.

무슬림 여성의 지위

이슬람이 출현하기 이전의 시대를 아랍에서는 무지의 시대라고 하며 이 시대에는 사회의 구성단위가 부족으로서 그 단체 자체가 한 개의 구성단위로서 공동체적이었다. 다시 말해서 개인 또는 가정에게는 책임이나 의무의 이행 또는 권리 행사가 인정되지 못하였다.

그러나 이슬람 등장 이후 사회의 구성단위가 혼인으로 이뤄진 가정으로부터 출발하여 단체 또는 집단이 되고, 이 집단의 구성이 사회, 더 나아가 국가를 이루게 되었다.

무지의 시대에는 여성의 지위가 일개의 상품에 지나지 않았고 또 여성이 남자의 소유물과 같이 매매되었고 여성을 재산이나 욕구를 충족시키는 도구로 간주해 여성에게는 인권이 전혀 인정되지 않았으며 상속의 권리나 소유 및 경제권도 없었으며 부인을 벌주기 위해 이혼을 하나의 수단으로 사용하는 등 불평등의 사회였다.

이슬람의 등장과 더불어 여성은 인간의 지위는 물론 법적, 경제적 지위가 확립되고 권리와 의무가 이슬람법에 규정, 부여되었다.

물론 아직은 여성의 행동범위가 많은 제약을 받고 있는 것이 사실이나 점점 현대화의 추세에 맞추어 남성 우위의 고정관념이 크게 개선되어 가고 있다.

이슬람은 여성의 지위를 어머니, 아내, 그리고 딸로서 명백히 밝히고 있으며 개인적 권리와 사회적 권리를 다 같이 부여하고 있다. 이와 같이 사회에서의 여성의 능동적 참여를 보장하고 있다.

이슬람법에 의해 규정된 무슬림 여성의 권리와 의무는 시간과 장소에 따라 이슬람 법학파의 해석으로 정도의 차이가 있다. 그러나 법학파의 견해가 법 제정에 절대적인 것은 아니다. 무슬림 사회가 시대에 따라 변화하면서 이슬람의 기본 정신도 바뀔 수는 없는 것이다.

무슬림 여성은 기본적으로 남성과 동등하며 그녀의 정체성과 개성이 코란에서 분명히 인정되고 있다.

제22과
لَوْ ذَهَبْتُ إِلَى مَكْتَبِهِ

أَرَدْتُ أَنْ أُقَابِلَ مُحَمَّدًا.
아라드투 안 우까빌라 무함마단

لَكِنْ كُنْتُ مَرِيضًا كَثِيرًا أَمْسِ.
라킨 쿤투 마리단 케시이란 암시

لَوْ ذَهَبْتُ إِلَى مَكْتَبِهِ لَقَابَلْتُهُ.
라우 다합투 일라 마크타비히 라까발투후

أَنَا آسِفٌ جِدًّا.
아나 아씨프 짓단

해석 나는 무함마드를 만나고 싶었다.
그러나 나는 어제 많이 아팠다.
내가 그의 사무실에 갔다면 그를 만날 수 있었을 텐데
나는 매우 아쉽다.

131

단어와 숙어 익히기

أَرَدْتُ 아라드투	나는 원했다	مَرِيضٌ 마리드	아픈
أُقَابِلَ 우까빌라	나는 만나다(접속법)	كَثِيرًا 케시이란	많은
لَكِنْ 라킨	그러나	أَمْسِ 암시	어제
كُنْتُ 쿤투	나는 -이었다.	آسِفٌ 아씨프	아쉬운, 미안한

문법 따라잡기

 لَوْ - لَ

– 조건사 /لَوْ/는 실현 불가능한 가정을 나타내며, 결과절은 /لَ/이 이끈다. 조건절과 결과절은 모두 완료형 동사를 사용한다.

لَوْ ذَهَبْتُ لَقَابَلْتُهُ.

내가 간다면 그를 만날 수 있을 것이다.(실제로는 갈 수 없다)

لَوْ سَمَحَتْ لِي الوَقْتُ لَزُرْتُ كُورِيَا.

시간이 허락한다면, 나는 한국을 방문할 것이다.(실제로는 방문할 수 없다)

– 조건사 /لَوْ/가 이끄는 조건절의 부정은 조건절은 /لَمْ +단축법/, 결과절은 /لَمَا+완료형 동사/로 표현한다.

لَوْ لَمْ أَكُنْ أُسْتَاذًا لَمَا سَاعَدْتُكَ.

내가 교수가 아니었다면, 너를 도울 수 없을 것이다.
(실제로는 교수이기 때문에 도울 수 있다)

لَوْ كُنْتُ مَكَانَكَ لَمَا فَعَلْتُ ذَلِكَ.

내가 너의 입장이라면, 나는 그렇게 하지 않을 것이다.

② إنْ

– 조건사 /إنْ/은 어느 정도 실현 가능한 가정을 나타낸다. 조건절과 결과절에는 완료 동사나 미완료 단축법 동사를 쓸 수 있다.

إنْ دَرَسَ نَجَحَ.

그가 공부한다면 성공할 것이다.

إنْ يَدْرُسْ يَنْجَحْ.

그가 공부한다면 성공할 것이다.

– 조건절의 동사가 완료 동사이고, 결과절이 미완료 동사면, 결과절에 /ف/ 를 접두한다.

إنْ لَمْ يَحْضُرْ مُوسَى فَنُؤَجِّلُ الاِجْتِمَاعَ.

무사가 참석하지 않는다면, 우리는 회의를 연기할 것이다.

إنْ كَانَ مَحْمُودٌ إنْسَانًا مُخْلِصًا فَسَوْفَ يُسَاعِدُنَا.

마흐무드가 성실한 사람이라면, 그는 우리를 도울 것이다.

③ إذَا

– /إذَا/는 실현 가능한 가정으로서 '기대'의 의미도 있다.
조건절과 귀결절은 모두 완료형 동사가 사용되며, 부정은 조건절을 /لم+단축법/으로 표현하며 결과절은 의미에 따라 형태가 변한다.

إذَا دَرَسَ نَجَحَ.

그가 공부한다면 성공할 것이다.

إذَا زُرْتُ بَيْرُوتَ سَأُقَابِلُ رَئِيسَ البَلَدِيَّةِ.

내가 베이루트를 방문한다면, 나는 시장을 만날 것이다.

– 조건절이 명사문일 경우는 /كَانَ/ 동사의 완료형을 사용한다.

إذَا كَانَتْ مَكَانَةُ المَرْأَةِ مُسَاوِيَةً لِمَكَانَةِ الرَّجُلِ فَتُسَاعِدُ تَطَوُّرَ المُجْتَمَعِ.

여성의 위치가 남성과 같아 진다면, 사회 발전을 도울 것이다.

표현 따라하기

(편지 인사말)

한국어	아랍어
문안드립니다.	تَحِيَّة وَبَعْدُ
문안과 인사를 드립니다.	تَحِيَّة وّسَلامًا
축복의 인사를 드립니다.	تَحِيَّة طَيِّبَة مُبارَكة
우정과 형제애로 인사드립니다.	تَحِيَّة الوَدّ والأَخاء
평화와 하나님의 자비가 함께 하길 빌며	السَّلامُ عَلَيْكُمْ وَرَحْمَةُ الله

(편지 맺음말)

한국어	아랍어
하나님이 당신을 지켜주고 보호해 주길 빌며	وَاللهُ يَحْفَظُكَ وَيَرْعاكَ
나의 입맞춤과 사랑을 보내며	مَعَ قُبَلاتي وَحُبّي
다음 편지에서 만날 때까지	وَإلى اللِّقاء في الرِّسالةِ القادِمَةِ
모든 가족과 친구들에게 내 안부를 전해 주길 바라며	بَلّغْ تَحِيَّاتي إلى جَميع الأَهْل وَالأَصْدِقاء

아랍어로 말하기

해석

A 당신은 어디에 사세요?
B 나는 서울에 삽니다.
A 당신은 어디에 가십니까?
B 나는 시장에 갑니다.
A 당신은 어디에서 왔습니까?
B 나는 한국에서 왔습니다.

أ : أَيْنَ تَسْكُنُ؟
아이나 타스쿠누?

ب : أَسْكُنُ في سِيُوْل.
아스쿠누 피 시울.

أ : إلى أَيْنَ تَذْهَبُ؟
일라 아이나 타드합?.

ب : أَذْهَبُ إلى السُّوقِ.
아드합 일라 수끄.

أ : مِنْ أَيْنَ أَنْتَ؟
민 아이나 안타?

ب : أنا مِنْ كُورِيا
아난 민 쿠리야.

함께 연습하기

1. 아래를 해석하시오.

    ① لَوْ سَمَحْتَ لِي الْوَقْتَ لَزُرْتُ بَيْتَكَ.
    ② إِنْ تَتْرُكْ سِيؤُلَ فِي الصَّبَاحِ تَكُنْ بُوسَان فِي الْمَسَاءِ.
    ③ إِنْ لَمْ يَذْهَبْ فَقَابَلْتُهُ.
    ④ إِذَا كُنْتَ كَرِيمًا فَسَاعِدْنَا.

2. 다음을 작문하시오.

    1) 당신이 그들과 함께 간다면 나도 가겠다.

    2) 만일 내가 부자라면, 내가 너를 도왔을 텐데.

    3) 네가 파티에 참석하면 라일라에게 안부 전해 줘.

    4) 무함마드가 공부를 한다면, 박사학위를 받을 수 있을 것이다.

하기

그가 공부한다면 성공할 것이다.

إِنْ دَرَسَ نَجَحَ.

인 다라사 나자하

내가 베이루트를 방문한다면, 나는 시장을 만날 것이다.

إِذَا زُرْتُ بَيْرُوتَ سَأُقَابِلُ رَئِيسَ الْبَلَدِيَّةِ .

이단 줄트 바이루트 사우까빌 라이살 발라디야

시간이 허락한다면, 나는 한국을 방문할 것이다.

لَوْ سَمَحَتْ لِي الْوَقْتُ لَزُرْتُ كُورِيَا.

라우 싸마흐타 리 알 와끄뜨 라줄트 쿠리야

아랍인의 여가문화

"점심 후에 오수, 저녁 후에 산보"라는 아랍의 속담처럼 아랍인들은 해가 진 저녁에 주로 가족, 친구, 친지들과 즐거운 시간을 갖는다.

아랍의 전 지역에서 대단한 인기를 얻고 있는 것은 저녁의 음악콘서트이다. 별다른 취미생활이나 오락이 없기 때문에 음악과 노래의 밤을 남녀노소를 막론하고 모든 아랍인들이 즐긴다. 자신들이 노래를 부르기 보다는 듣기를 좋아하는 편이다.

가족, 친구들과 함께 온천이나 고궁을 찾거나 강변의 공원에 앉아 음식을 먹거나 담소하는 그룹단위가 증가하고 있다.

그들은 연극과 영화관람을 좋아하며 술이 금지되어 있기 때문에 실내나 노상 카페에서 소위 쉬샤라고 하는 물 담배를 즐겨 피운다. 옛날에는 수동식의 구자라는 것이 인기가 있었으나 요즘은 신형으로 물통 부분이 큰 쉬샤 이용이 보편화되어 있다.

아랍인들에게 인기 있는 스포츠는 축구이다. 날씨 때문에 주로 저녁에 클럽 간 대항의 경기를 갖는다.

축구는 유럽의 식민주의 시절에 소개되었는데 비교적 개인기가 뛰어나며 국민들의 성원이 대단하여 국가대표 팀의 실력이 우수한 편이다.

아랍이 유럽과 지리적으로나 역사적으로 밀접히 관련되어 있기 때문에 스쿼시 등 유럽인들이 즐기는 경기에 친숙하다. 야구나 미식축구는 아랍인에게 잘 알려져 있지 않다.

아랍인들은 대체로 개인경기보다는 여러 명이 참가하는 단체경기를 선호한다.

아랍세계에서 볼 수 있는 특이한 경기는 주로 베드윈 지역에서 벌어지는 말 경주와 낙타 경주라고 할 수 있다.

경기나 시합결과에 대한 내기나 도박은 이슬람에서 특별히 금지되어 있으며 또한 여성의 정숙과 순결, 품위 있는 의상의 착용을 강조하는 이슬람문화의 차이 때문에 일부 국가(레바논 등)를 제외하고 미인콘테스트 같은 것은 아랍세계에서 보통 개최되지 않는다.

연습문제 정답

1과

문항번호	정답
1	baytun
2	kitābun
3	jabalun
4	ḥadīqatun
5	qalamum
6	sayyāratun
7	rajulun
8	mudarrisun
9	bintun
10	malikatun

2과

문항번호	정답
1	2
2	4
3	2

3과

문항번호	정답
1	1
2	3
3	4
4	1

4과

문항번호		정 답
1	1)	2
	2)	1
	3)	1
2		3

5과

문항번호		정 답
1	1)	2
	2)	4
2		3
3		4

6과

문항번호		정 답
1.	1)	한
	2)	비
	3)	한
	4)	비
	5)	한
	6)	한
	7)	비
	8)	비
	9)	한
	10)	한
2.	1)	أُحِبُّ قِطَّةً.

	2)	أُمُّكَ مُدَرِّسَةٌ.
	3)	تَشْرَبُ فَاطِمَةُ مَاءً.
	4)	فِي الْبَيْتِ رَجُلٌ.

7과

문항번호		정답
1	1)	남
	2)	여
	3)	여
	4)	여
	5)	여
	6)	여
	7)	여
	8)	여
	9)	여
	10)	남
2	1)	단
	2)	단
	3)	쌍
	4)	복
	5)	복
	6)	쌍
	7)	쌍
	8)	복
	9)	단
	10)	단
3	1)	طَالِبَتَانِ ← طَالِبَاتٌ

2)	جَامِعَتَانِ ← جَامِعَاتٌ
3)	مُهَنْدِسَانِ ← مُهَنْدِسُونَ
4)	مُسْلِمَانِ ← مُسْلِمُونَ
	لُغَتَانِ ← لُغَاتٌ

🔵 8과

문항번호	정답
1	2
2	4
3	4
4	1

🔵 9과

문항번호		정답
1	1)	مَكْتَبُ الْبَرِيدِ قَرِيبٌ مِنْ هُنَا. 우체국은 여기서 가깝다.
	2)	كُتُبُ الطَّالِبَةِ جَدِيدَةٌ. 그 여학생의 책은 새 것이다.
	3)	قَلَمُ الْمُدَرِّسِ مَكْسُورٌ. 선생님의 연필이 부러졌다.
	4)	انْتَقَلَ صَدِيقُ مُحَمَّدٍ إِلَى عَمَّانَ. 무함마드의 친구는 암만으로 옮겼다.
	5)	دَرَسْتُ نَصَّ الدَّرْسِ. 나는 그 과의 기본문을 공부했다.
2	1)	مَتْحَفُ مَدْرَسَتِنَا مَشْهُورٌ.
	2)	أَدْرُسُ اللُّغَةَ الْعَرَبِيَّةَ فِي الْجَامِعَةِ.
	3)	أَبِي مُوَظَّفُ الْحُكُومَةِ.
	4)	بَابُ السَّيَّارَةِ الْجَدِيدَةِ مَكْسُورٌ.

	5)	بَابُ السَّيَّارَةِ الْجَدِيدُ مَكْسُورٌ.

10과

문항번호	정답
1	1
2	2
3	3
4	4

11과

문항번호		정답
1	1)	ذَهَبْتَ
	2)	ذَهَبْتِ
	3)	ذَهَبَتْ
	4)	ذَهَبُوا
	5)	ذَهَبْتُنَّ
2	1)	رَكِبْتُ جَمَلًا.
	2)	وَصَلَتِ السَّيَّارَاتُ الْجَدِيدَةُ.
	3)	رَجَعَتِ الْبَنَاتُ إِلَى الْمَدْرَسَةِ.
	4)	ذَهَبَ أَبِي وَأُمِّي وَأُخْتِي إِلَى الْمَدْرَسَةِ.
	5)	شَاهَدَتْ لَيْلَى وَفَاطِمَةُ فِيلْمًا كُلَّ يَوْمٍ.

12과

문항번호		정답
1	1)	تَدْرُسُ

	2)	تَدْرُسِينَ
	3)	تَدْرُسُ
	4)	يَدْرُسُونَ
	5)	تَدْرُسْنَ
2	1)	ذَهَبْتُ إِلَى الْمَطْعَمِ لآكُلَ غَذَاءً.
	2)	لَمْ تَأْكُلْ فاطِمَةُ فُطُورًا.
	3)	أُرِيدُ أَنْ أُصْبِحَ مُوَظَّفَ الْحُكُومَةِ.
	4)	تَقْرَأُ لَيْلَى الْجَرِيدَةَ الْعَرَبِيَّةَ كُلَّ صَبَاحٍ.
	5)	أُدْرُسِ اللُّغَةَ الْعَرَبِيَّةَ لِتَنْجَحَ الاِمْتِحَانَ.

13과

문항번호	정답
1	1
2	1
3	3
4	4

14과

문항번호	정답
1. 1)	بَعِيدٌ
2)	لَوْ سَمَحْتَ
3)	يُمْكِنُ
4)	أَمَامَ
5)	مَحَطَّةُ
6)	إِلَى

2.1)		بَيْتِي بَعِيدٌ مِنْ مَدْرَسَةٍ.
2)		لَوْ سَمَحْتَ.
3)		أَذْهَبُ إِلَى سِيُؤُل.
4)		شُكْرًا جَزِيلًا.
5)		عَفْوًا.

15과

문항번호		정답
1	1)	سَافَرَ
	2)	تَعَلَّمَ
	3)	انْصَرَفَ
	4)	اسْتَقْبَلَ
2	1)	أَدْرُسُ اللُّغَةَ الْعَرَبِيَّةَ.
	2)	أُدَرِّسُ التَّارِيخَ فِي مَدْرَسَةٍ.
	3)	سَتَرْجِعُ فَاطِمَةُ إِلَى الْبَيْتِ بَعْدَ سَاعَةٍ.
	4)	لَنْ تَرْجِعَ فَاطِمَةُ إِلَى الْبَيْتِ بَعْدَ سَاعَةٍ.

16과

문항번호	정답
1.1)	مَعْقُولٌ
2)	مِنْ فَضْلِكَ،
3)	أَهْلًا وَسَهْلًا
4)	بِكَمْ
5)	عِنْدَكَ

2.1)	أَيُّ خِدْمَةٍ؟
2)	السِّعْرُ غَالٍ.
3)	بِكَمْ هَذَا؟
4)	هَذَا الْقَمِيصُ مُنَاسِبٌ لِي.
5)	حَسَنًا

17과

문항번호	정답
1	2
2	3
3	1
4	4

18과

문항번호	정답
1	عِنْدَكُمْ
2	شَيْئًا
3	بَعْدَ الْأَكْلِ
4	دَجَاجٌ
5	مَاذَا

19과

문항번호	정답
1	اَلْأُجْرَةُ
2	فِي الْيَوْمِ

3	يَوْمًا
4	أَنْ
5	تُعْجِبُنِي

20과

문항번호	정답
1	1
2	2
3	4
4	1

21과

문항번호		정답
1	1)	أَجَدُّ
	2)	أَسْرَعُ
	3)	أَطْوَلُ
	4)	الأَطْوَلُ
2	1)	بَيْتِي أَكْبَرُ مِنْ بَيْتِكَ.
	2)	أُمِّي أَصْغَرُ مِنْ أُمِّكَ.
	3)	مُحَمَّدٌ الأَجْمَلُ فِي الْمَدْرَسَةِ.
	4)	لَيْلَى الْجُمْلَى فِي الْبَيْتِ.

22과

문항번호		정답
1	1)	나에게 시간을 허락한다면, 당신 집을 방문할 텐데
	2)	아침에 서울을 떠나면 저녁에 부산에 도착할 것이다.

	3)	그가 가지 않는다면 내가 그를 만날 것이다.
	4)	당신이 친절하다면, 우리를 도와라.
2	1)	إِنْ ذَهَبْتَ مَعَهُمْ فَذَهَبْتُ
	2)	لَوْ أَنَا غَنِيٌّ لَسَاعَدْتُكَ.
	3)	إِذَا حَضَرْتَ الْحَفْلَةَ فَسَلِّمْ لَيْلَى.
	4)	إِذَا دَرَسَ مُحَمَّدٌ فَحَصَلَ عَلَى الدُّكْتُورَاةِ.